# 기문둔갑 사주풀이

## 제1권 성공한 사람들

# 기문둔갑 사주풀이

## 제1권 성공한 사람들

■ 책소개

제1권에서는 사회적으로 큰 성공을 거머쥔 사람들의 사주를 주로 다룬다. 주 대상은 사업가, 연예인, 패션 디자이너, 대통령 등이다. 특히나 지금 시대에서는 사업으로 재벌이 된 사람이나 세계적인 스타 등을 최고 높은 계층으로 보는 경향이 있으므로, 이 분야 사람들의 비중이 높다.

제2권에서는 반대로 사회적으로 가장 흉악한 삶을 영위한 사람들의 사주를 다룬다. 그중 최고 막장 인생이라 할 수 있는 연쇄살인마나 대량학살범의 사주가 주를 이룬다. 막장 인생이라면 사기, 절도, 강간 등도 있는데 왜 다루지 않았는지 궁금할 것이다. 이 책을 읽어보면 알겠지만 연쇄살인이나 대량학살까지 가면 대개 사기, 절도, 강간 등이 포함된 경우가 많다.

## ■ 일러두기

* 책에 나오는 시간들은 외국 사이트를 참고해 찾은 자료이며, 되도록 시간정확도 A등급 이상의 것을 해단하여 대부분이 A등급 이상의 정확도 높은 시간들이나, 해단 내용이 해당 인물과 많이 일치할 경우엔 B나 C등급의 시간도 간혹 해단하였다.
* 서머타임제 같은 외국의 시간적용제도의 특성을 고려하여 일광절약시간(DST, Daylight Saving Time), 전쟁타임(War Time, 미국은 제2차 세계대전 당시 한 시간 앞당긴 시간을 적용하였다), 더블 전쟁타임(Double War Time, 미국은 전쟁타임 당시 여름에는 전쟁타임에서 한 시간 더 앞당긴 시간을 적용하였다) 등을 계산하였다.
* 경계선에 걸린 시간의 경우, 해당 인물의 특징이 더욱 뚜렷하게 드러난 것을 임의로 선택하여 해단하였다. 경계선 전후의 특징이 확연히 다르지 않아서 판단하기 모호한 인물은 생략하기도 하였으나, 워런 버핏이나 케네디 대통령 같은 인물은 워낙 유명하므로 두 시간 모두 해단하였다.
* 기문둔갑 프로그램은 한국 나이를 기준으로 삼았기 때문에 해단할 때도 한국 나이를 기준으로 하였다. 대신 중요한 사건일 경우엔 나이 옆에 괄호를 치고 연도를 표기하였다.
* 기문학에서 생시(生時)는 '위도에 따라 설정된, 태어난 나라의 표준시간'을 말한다.

## ■ 머리말

사람은 태어나면서부터 명국(命局, 생년월일시)의 영향을 받는다. 이는 동서양이 별반 다르지 않다.

외국 사람들이라고 해서 별달리 살아가는 것도 아니므로 굳이 따로 해석해야 할 필요는 없다. 다만, 각 나라마다 표준시가 다르므로 각자가 태어난 나라의 표준시를 좇아 생년월일시가 정해진다는 사실에 유념해야 한다. 또한 각 나라마다 환경적 차이가 있으므로 같은 문제나 사건이라도 그 처리 방법이나 판단의 기준이 달라질 수는 있다.

그렇지만 세계 어느 나라를 막론하고 성공한 사람의 기준과 악행을 저지른 사람의 기준을 가늠하는 잣대는 같을 것이므로, 이러한 사람들의 사주가 기문명국(奇門命局)에서는 어떻게 나타나는지를 이번에 발간한 《기문둔갑 사주풀이 1·2》를 통해 조명해 보았다.

다만, 필자가 직접 상담한 사례자들이 아니므로, 외부에 알려진 생년월일시가 실제와 다를 경우에는 해설이 달라질 수는 있겠다.

이 책이 나오기까지 수고를 아끼지 않은 예곡에게 감사의 인사를 전한다.

단기 4349년(2016) 병신년(丙申年) 11월
민강(旼岡) 손혜림

■ 기문둔갑 포국을 보는 간단한 꿀팁!

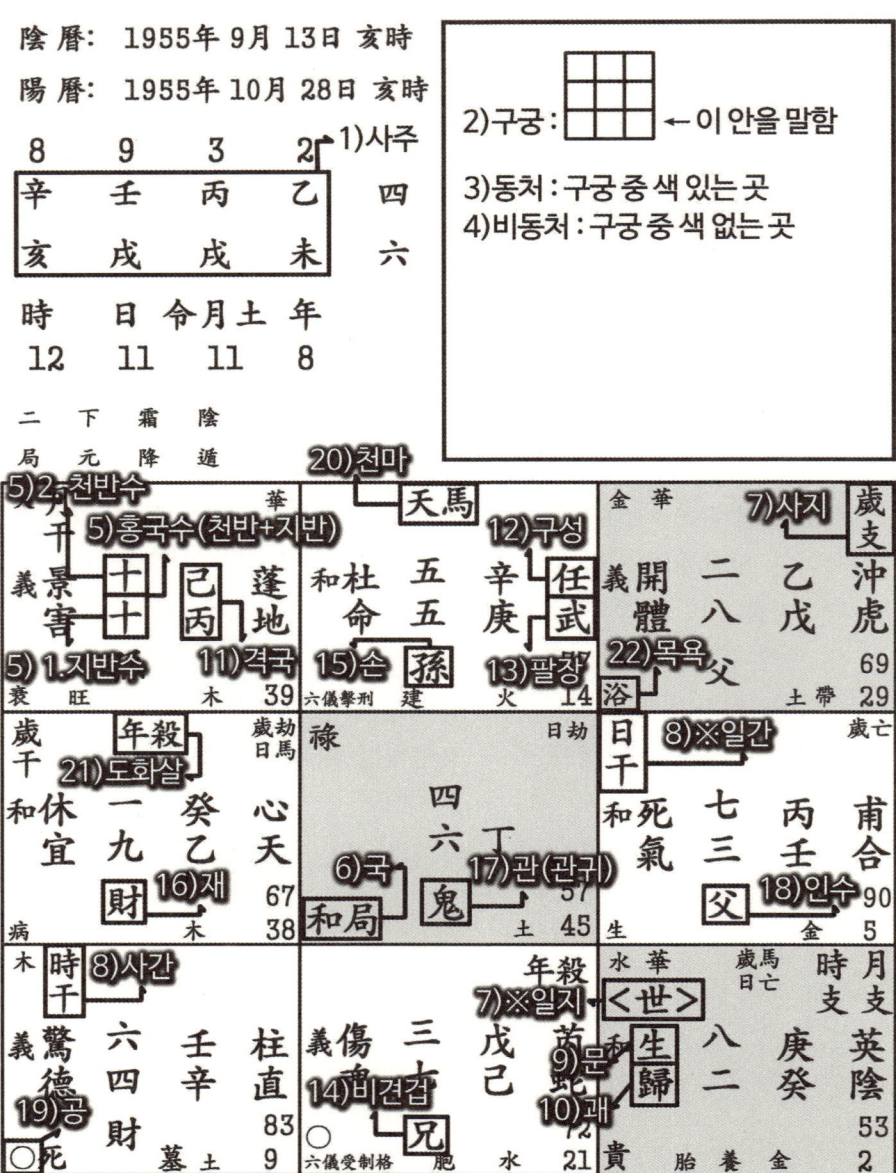

1) 사주(四柱)
   자신이 태어난 연월일시(年月日時)를 말한다. 사람은 이 사주의 영향을 받고 살아가게 되는데, 기문에서는 구궁을 세우는 기초에 해당한다.

2) 구궁(九宮)
   인간과 세상과의 공간(空間) 관계를 나타낸다.

3) 동처(動處)
   연월일시와 중궁에 해당하는 곳은 항상 서로 간에 교류하며 움직이므로, 이를 '동처'라 한다.

4) 비동처(非動處)
   동처를 제외한 모든 곳을 '비동처(혹은 정처)'라 하는데, 평상시에는 영향을 끼치지 않다가 해당 정처에 도래한 시기가 되면 동처와 합류하여 새로운 관계를 형성하게 된다.

5) 홍국수(洪局數) [자세한 해설☞ 308쪽 '홍국수' 해설]
   숫자(一六, 二七, 三八, 四九, 五十)로 표기. 중국 기문에는 없고 우리나라의 동국기문에만 있는 세계 유일의 오행법으로, 운(運)의 50% 이상을 주관한다. 특히 홍국수의 오기(五氣) 유통법은 제34대 전맥자이신 수봉 이기목 선생님께서 정립하신 독창적인 이론이다.
   1. 지반수(地盤數) : 인생의 전반기 운(1~45세)을 주관한다.
   2. 천반수(天盤數) : 인생의 후반기 운(46~90세)을 주관한다.
   - 목(木)은 삼(三)과 팔(八), 화(火)는 이(二)와 칠(七), 토(土)는 오(五)와 십(十), 금(金)은 사(四)와 구(九), 수(水)는 일(一)과 육(六)이다. 이중 홀수는 양(陽), 짝수는 음(陰)이다.

6) 국(局)
홍국수의 배열 방법에 따라 다섯 가지 유형으로 분류된다. 즉 화국(和局), 전국(戰局), 충국(冲局), 원진국(怨嗔局), 형파국(刑破局) 등이며 각 국(局)의 특성에 따른 특징이 나타난다.

7) 사지(四支) [자세한 해설☞ 307쪽 '육친' 해설]
   - 세지(歲支), 월지(月支), 일지(日支), 시지(時支)를 말한다. 육친(六親).
   - '세지(歲支)'는 부모, 우두머리, 직업궁, '월지(月支)'는 형제나 때로는 연인, '시지(時支)'는 자식, 새로운 것 등으로도 나타난다.
※ 일지(日支) : 세〈世〉로 표기. 일지의 지반수는 '자기 자신'을 나타내므로 가장 먼저 보며, 부부 가택궁도 상징한다.

8) 사간(四干)
   - 세간(歲干), 월간(月干), 일간(日干), 시간(時干)을 말한다.
   - 세간(歲干)은 부모, 월간(月干)은 형제, 시간(時干)은 자식으로도 나타난다.
※ 일간(日干) : 대외적인 자기 자신을 말한다. 사간 중 가장 큰 영향을 끼친다.

9) 문(門)
팔문(八門)은 천인지(天人地) 중에서 인(人)을 말하며, 대인관계를 나타낸다.

10) 괘(卦)
팔괘(八卦)는 천인지(天人地) 중에서 지(地)를 말하며, 자신이 처한 입지적 관계를 나타낸다. 문과 괘는 합쳐서 문괘(門卦)라고 한다.

11) 격국(格局) [자세한 해설☞ 309쪽 '격국' 해설]
육의(六儀) 삼기(三奇)를 말한다. 영향력이 큰 내격(內格)은 길격 14격과 흉격 34격이 있고, 영향력이 다소 적은 외격(外格)이 있다.

12) 구성(九星)
구성은 천인지(天人地) 중에서 천(天)을 말하며, 주로 직업궁에 참고한다.

13) 팔장(八將)
팔장은 구성(九星)의 신하로서 인간의 내면적인 성격을 파악하는 데 참고한다.

14) 비견겁(比肩劫)
자신과 같은 오행을 말한다. 동료, 친구, 경쟁자, 형제 등으로도 나타난다.

15) 손(孫)
자신이 생(生)해주는 오행을 말하며, 식신(食神)과 상관(傷官)이 있다. 자손, 아랫사람 등으로도 나타난다.

16) 재(財)
자신이 극(剋)하는 오행을 말하며, 정재(正財)와 편재(偏財)가 있다. 남자에게는 여자를 뜻하기도 한다.

17) 관(官)과 귀(鬼)
자신을 극(剋)하는 오행을 말하며, 정관(正官)과 편관(偏官)이 있다. 직장, 학교 등으로도 나타나며, 여자에게는 남자를 뜻하기도 한다.

18) 인수(印綬)

부(父)로 표기. 자신을 생(生)해주고 키워주는 오행을 말하며, 정인(正印)과 편인(偏印)이 있다. 인복, 부모복 등과 상관이 있다.

19) 공(空)

○으로 표기. 공망은 해당 자리의 흉은 증폭시키고 길은 감소시키며 문젯거리를 일으킨다.

20) 천마(天馬)

역마(驛馬)의 일종으로, 하늘을 날아다니는 말로서 주행(走行)의 폭이 가장 넓은 비행기에 해당한다. 외국 등을 상징한다.

21) 도화살(桃花殺)

연살(年殺)로 표기. 끼의 본산(本産)이며, 이성을 매료시키는 특징이 있다.

22) 목욕(沐浴)

욕(浴)으로 표기. 목욕(沐浴)은 도화살(桃花殺)의 일종이기도 하지만 패살(敗殺)에 해당하기도 한다.

# ■ 차례

## 1부. 세계의 부자들

- 워런 버핏 - 세계 최고의 천재 투자왕 ················ 19
- 빌 게이츠 - 명실공히 세계 최고 부자 ················ 27
- 스티브 잡스 - 애플의 창시자 ····················· 33
- 마이클 블룸버그 - 정치인이 된 언론 재벌 ············· 39
- 테드 터너 - CNN의 창시자 ······················ 45
- 루퍼트 머독 - 뉴스코퍼레이션의 미디어 재벌 ·········· 49
- 미켈레 페레로 - 밸런타인데이에 세상을 떠난 초콜릿의
  제왕 ································ 53
- 베르나르 아르노 - 명품 업계의 큰손 ················ 57
- 프랑수아 피노 - 아르노의 영원한 라이벌 ············· 61
- 레오나르도 델 베키오 - 전 세계 안경 산업의 신 ········ 65
- 리처드 브랜슨 - 괴짜 억만장자 ···················· 69
- 로널드 페렐만 - 다섯 번 결혼한 재벌 ················ 73
- 로베르 루이드레퓌스 - 백혈병으로 숨진 재벌 집안의
  사업가 ······························· 77
- 실비오 베를루스코니 - 섹스 스캔들로 유명한 이탈리아
  전 총리 ······························ 81

## 2부. 세계의 유명 디자이너들

- 가브리엘 "코코" 샤넬 - 현대 여성복의 시초 ············ 89
- 조르지오 아르마니 - 슈트 패션의 선구자 ············· 97
- 베르사체 삼남매 - 지아니, 도나텔라, 산토 베르사체 ······ 101
- 위베르 드 지방시 - 오드리 헵번이 선택한 디자이너 ······ 111
- 크리스토발 발렌시아가 - 디자이너들의 디자이너 ········ 117

## 3부. 할리우드 은막의 전설
- 마릴린 먼로 - 비운의 섹시 스타 ·················· 123
- 엘리자베스 테일러 - 세기의 미녀 ·················· 129
- 비비안 리 - 영원한 스칼렛 ·················· 135
- 그레이스 켈리 - 모나코 왕비가 된 진짜 신데렐라 ·················· 139
- 캐서린 헵번 - 오스카가 선택한 연기파 배우 ·················· 145
- 오드리 헵번 - 영원한 할리우드 요정 ·················· 149

## 4부. 현대 할리우드 스타
- 마이클 잭슨 - 전설이 된 팝의 황제 ·················· 159
- 안젤리나 졸리, 브래드 피트, 제니퍼 애니스톤
  - 할리우드에서 가장 유명한 삼각관계 ·················· 167
- 조니 뎁 - 연기파 미남 배우 ·················· 185
- 우디 앨런 - 한국인 양딸과 결혼한 세계적 거장 ·················· 191
- 기네스 팰트로 - 귀족적 우아함을 타고난 미녀 ·················· 197
- 마릴린 맨슨 - 기괴한 메탈 록커 ·················· 203
- 저스틴 비버 - 전 세계 1억 안티, 악동 아이돌 ·················· 209

## 5부. 미국의 역대 대통령
- 존 F. 케네디 - 탁월한 용기와 리더십의 상징 ·················· 217
- 빌 클린턴 - 군왕의 카리스마를 갖춘 권력자 ·················· 225
- 조지 W. 부시 - 대를 이어 집권에 성공한 정치가 ·················· 229
- 버락 오바마 - 미국 최초의 흑인 대통령 ·················· 233

## 6부. 큰 업적을 남긴 사람들
- 마리 퀴리, 이렌 졸리오-퀴리, 이브 퀴리
  - 5개의 노벨상을 수상한 퀴리 일가 ·················· 239
- 알버트 아인슈타인 - 과학계의 아이콘 ·················· 251

- 스티븐 킹 – 전 세계에서 가장 많은 책을 판매한
  대중소설가 ·········································································· 255
- 움베르토 에코 – 학자형 작가의 대표 ···························· 259
- 닐 암스트롱 – 최초의 달 착륙인 ···································· 263
- 버즈 올드린 – 달 착륙 '콩라인'의 전설 ······················· 269

## 7부. 역사 속 인물들
- 영조와 논개 – 극길반흉(極吉反凶)의 대표 ··············· 275
- 양귀비 – 역사에 남은 절세미인 ···································· 287
- 덕혜옹주 – 비운의 황녀 ···················································· 295

## 부록
- 기문둔갑 Q&A ······································································ 304
- 기문둔갑 기초지식 ······························································ 307
- 태청궁 청구태학당(太淸宮 靑邱太學堂) 역대 전맥자 ········ 326
- 태청궁 청구태학당에서 개발한
  기문둔갑 프로그램의 종류 ················································ 328
- 태청궁 청구태학당 강의 안내 ········································ 330

# 1부
# 세계의 부자들

# 워런 버핏

Warren Buffett

세계 최고의 천재 투자왕

워런 버핏이 태어난 시간은 미시(未時)와 신시(申時)의 경계선에 걸려 있다. 외국 사이트에는 표준시간(Standard Time)으로 나와 있다. 그런데 버핏이 태어난 1930년도의 네브래스카 주 오마하(Omaha)는 서머타임제를 적용한 것으로 보인다. 따라서 이 시간이 서머타임제를 적용한 15시인지, 아니면 서머타임을 계산하지 않은 표준시간으로 15시인지는 불명확하다.

게다가 이 시간의 출처는 병원 기록이 아닌 사람의 기억에 의존한 것이라고 한다. 당시는 언론이 발달하지 않았을 테니 네브래스카 주에서는 서머타임을 실시했더라도 개개인은 표준시간을 사용했을 가능성도 있고, 가뜩이나 경계선에 걸린 시간인데 기억에 의존했다면 대략 오후 3시대의 시간이라는 뜻일 테니 그 언저리 이쪽저쪽의 시간일 것이다.

이러한 이유로 워런 버핏의 사주는 '미시'와 '신시' 둘 다 보도록 하겠다. 미시와 신시의 차이는 명확하다.

# 奇門

陰曆: 1930年 7月 7日 未時
陽曆: 1930年 8月 30日 未時

| 4 | 9 | 1 | 7 |
|---|---|---|---|
| 丁 | 壬 | 甲 | 庚 | 三
| 未 | 子 | 申 | 午 | 七
| 時 | 日 | 令 月 | 金 年 |
| 8 | 1 | 9 | 7 |

九局　上元　白露　陰遁

워런 버핏 – 未時
(Warren Edward Buffett)

Born on　30 August 1930
　　　　　at 15:00 (= 3:00 PM)
Place　Omaha, Nebraska,
　　　　41n16, 95w56
Timezone　CST h6w
　　　　(is standard time)

| 火 迫 開魂 帶浴 | 九一 父 | 庚癸 | 華 柱天 木 81 20 | 歲劫 制 驚宜 禄 六儀擊刑 | 日亡 四六 父 | 辛戊 | 心地 生火 51 45 | 金 迫 傷德 胎養 | 歲馬 一九 官 | 乙丙 | 時支 月支 蓬武 土 90 17 |
| 時干 杜命 ○ | 年殺 十十 財 建木 | 壬丁 | 禽直 木 89 19 | 天馬 日干 和局 | 伏歲亡 伏日劫 三七 孫 土 | 壬 | 72 27 | 月干 義休 胞 | 歲干 六四 鬼 | 己庚 | 年殺 任虎 金 62 34 |
| 木 ○ 生體 旺土 | 五五 財 | 戊己 | 英蛇 衰 56 39 | <世> 迫死害 病 | 二八 水 | 癸乙 | 甫陰 47 8 | 水 迫 景氣 死墓 | 日馬 七三 兄 | 丁辛 | 華 沖合 金 69 30 |

### ① 미시(未時)일 경우

미시라면 재(財)가 뜨질 않아 투자왕다운 사주는 아니다. 다만, 가장 성공 확률이 높고 쉽게 성공한다는 '화국(和局) 관인상생(官印相生)'의 사주라서 성공률이 높은 사주이긴 하다. 뒤에 나올 베르나르 아르노와 프랑수아 피노의 사주와도 닮은 점이 있다.

느긋하고 선비다운 풍모를 갖추고 내성적인 성격이며, 아랫사람을 잘 다룬다. 참을성이 있고 여유가 있다. 문장력이 있고 수완이 매우 좋다. 문장을 뜻하는 '귀인격(貴人格)'을 지니고 있는데, 저서를 남기지 않았다는 점에서 이 사주가 맞는지 다소 의심스럽다.

특히 백만장자를 이룩한 31~34세 때는 관귀(官鬼)에게 얻어맞는 운으로, 이름을 날릴 수는 있어도 큰돈을 벌지는 못할 시기다. 즉 투자금을 날렸으면 날렸지 벌기는 힘든 시기이므로 미시라 하기엔 여러모로 의문이 든다. 다만, 35~39세 때의 운이 매우 좋아서 이 시기에 큰돈을 벌 수 있으며, 40~45세 때도 매우 좋다. 그 외에도 52~56세 때도 큰돈을 벌 수 있으며, 57~62세 때도 좋다. 여자 자리가 비어 있어서 연애는 잘하지 못했을 확률이 크고, 성격은 느긋하나 두뇌회전이 대단히 빠르다. 지략가적 기질이 뛰어나고 꿍꿍이속이 많은 유형이다. 느긋하고 신중한 면이 있다.

# 奇門

陰曆: 1930年 7月 7日 申時
陽曆: 1930年 8月 30日 申時

| 5 | 9 | 1 | 7 | |
|---|---|---|---|---|
| 戊 | 壬 | 甲 | 庚 | 四 |
| 申 | 子 | 申 | 午 | 八 |
| 時 | 日 | 令月 | 金年 | |
| 9 | 1 | 9 | 7 | |

九局 上元 白露 陰遁

> 워런 버핏 – 申時
> (Warren Edward Buffett)
>
> Born on  30 August 1930
>           at 15:00 (= 3:00 PM)
> Place    Omaha, Nebraska,
>           41n16, 95w56
> Timezone  CST h6w
>           (is standard time)

| 火 華 歲亡<br>日劫<br>迫開 十 戊 英蛇<br>命二 癸 生<br>貴養 官 木 87<br>            15 | 時 天馬 歲支<br>干 五 禽直<br>制驚 七 壬<br>害 鬼 戌 53<br>浴            火 45 | 金 時支 月支<br>迫傷 二 庚 柱天<br>氣 十 丙<br>父 90<br>土帶 12 |
|---|---|---|
| 年殺<br>杜 一 癸 甫<br>魂 一 丁 陰<br>孫 88<br>○ 胎 木 13 | 伏日馬<br>日 四 壬<br>干 八<br>財 78<br>冲局 土 23 | 月歲 年殺<br>干干<br>義休 七 辛 心<br>體 五 庚 地<br>父 66<br>旺 金 32 |
| 木<br>生 六 丁 冲<br>歸 六 己 合<br>孫 59<br>○ 祿胞 墓土 38 | <世><br>歲劫<br>日亡<br>迫死 三 己 任<br>宜 九 乙 虎<br>48<br>死 水 9 | 水 華<br>迫景 八 乙 蓬<br>德 四 辛 武<br>兄 74<br>病 衰 金 27 |

워런 버핏 23

## ② 신시(申時)의 경우

신시라면 미시와는 반대로 충국(沖局)이라, 성격이 매우 급하다. '기면 기고 아니면 아닌' 성격이며, 아주 단도직입적이고 화끈하고 칼 같은 면이 있다. 겉보기에도 다가가기 힘든 면모를 풍기며, 과묵하고 남자다워 보이는 면이 있다.

무엇보다도 눈에 확 띄는 재생관인상생(財生官印相生)으로, 재물을 끌어모으는 형국의 사주다. 재물 위에 비견겁(比肩劫 = 兄弟)을 이고 있어, 자신이 직접 생산하고 판매하는 사업을 했을 경우 꽤나 말썽이 있을 수 있으므로 애초 남의 돈, 즉 다른 사람의 회사 주식을 통해 돈 버는 일이 꽤 맞는 사주다. 머리에 돈을 이고 있어 돈 계산이 빠르며 항상 머릿속으로 '돈! 돈! 돈!', 돈 생각을 한다. 돈과 여자에 관심이 고도로 많으며, 결국 모든 목표는 돈을 끌어모으는 데 있다.

더군다나 28~32세 때 가장 강력하게 끌어 먹는다는 삼살(三殺)의 인수운(印綬運)으로 재물을 끌어 먹고 있어서, 이 시기에 큰 부(富)를 이룩하기 좋다. 이때 백만장자 대열에 들어선 것을 보면 신시일 확률이 높지 않나 싶다. 토(土), 금(金) 모두 약하고 나무로 된 재가 왕(旺)하여, 땅투기나 금투기 모두 맞지 않고 종이로 된 재물, 즉 주식 자체가 가장 효과적이다. 이 점도 버핏의 평소 투자관과 일치한다.

충국의 행동력과 담대함, 거기다 재물을 끌어당기는 재생관인상생의 사주로 말미암아 이익을 남기는 데는 천부적인 감이 있었을 것이다.

관(官)은 대단히 왕한데, 학업을 뜻하는 효수(爻數)가 약한 것으로 보아선 공부보다는 돈과 명예를 좇았을 것이고 대학에 간

것도 아마 학업 자체에 관심이 있어서라기보다는 명예와 권력을 얻기 위한 수단이었을 수가 있다. 질 높은 공부를 하려고 좋은 대학에 가는 게 아니라, 다만 좋은 대학의 타이틀을 얻고 싶어서 가려는 유형이다. 실제로 좋은 대학에 가고자 하는 욕심에 하버드 대학교를 지원했으나 떨어진 것으로 알려져 있다. 만일 24~27세 때 지원했다면 입시에 좋지 않은 경쟁자운인 데다 공부가 되질 않고 다소 망신살이 뻗치는 시기여서 좋은 학교에 붙기 힘들었을 수 있다.

돈에 대한 관심은 원체 아주 어렸을 때부터 많았는데, 수입을 얻고 이익을 남기는 데 눈뜨는 시기는 10~12세의 아주 어린 나이부터 온다. 특히 10대 초중반부터 20대 초중반까지 재물운이 와서 일찍부터 돈독이 오른다. 그것이 제대로 결실을 맺어 꽃피우는 첫 번째 시기가 28~32세 때다.

그 뒤 운도 원상통기(圓狀通氣)가 되는 33~38세, 역시 삼살로 끌어 먹을 수 있는 39~45세 때의 운도 괜찮다. 다만, 39~45세 때는 구설이 있을 수 있고 처음엔 힘들 수 있어 다소 손해 보는 투자가 있었을 수는 있다. 그래도 결국에는 명성을 얻고 발달을 일으킬 수는 있다.

후반기 운에서 좋은 시기는 49~53세와 60~66세 때다.

79~87세 때의 현재 시기도 인수운으로, 노인에겐 그다지 나쁘지 않다. 다만, 나이 들어서는 다소 힘들 수 있는 관귀 바닥에 절명(絶命)의 효수가 붙어 있어 처음엔 다소 힘들고 질병이 왔을 것으로 보인다. 현재 운을 보면 절명의 효수가 있어 종명(終命, 목숨을 다함)의 가능성은 있지만, 어쨌든 인수운이라 잘만 관리하면 절명까진 가지 않을 수 있다. 하지만 이후 운인 88

세 때의 등사요교(螣蛇妖嬌)의 흉격(凶格), 89~90세 때의 관귀운(官鬼運)이 상당히 위험하여 이때 종명할 가능성이 크다.

 이처럼 미시와 신시는 시간이 다름으로 해서 상당히 큰 차이를 지닌다. 개인적으로는 신시가 미시보다 워런 버핏다운 사주라 여겨서, 신시를 보다 자세히 풀이해 놓았다.

# 빌 게이츠

William Gates

명실공히 세계 최고 부자

## 奇門

陰曆: 1955年 9月 13日 亥時
陽曆: 1955年 10月 28日 亥時

| 8 | 9 | 3 | 2 | |
|---|---|---|---|---|
| 辛 | 壬 | 丙 | 乙 | 四 |
| 亥 | 戌 | 戌 | 未 | 六 |
| 時 | 日 | 令月 | 土年 | |
| 12 | 11 | 11 | 8 | |

二局　下元　霜降　陰遁

**빌 게이츠**
(William Henry Gates Ⅲ)

Born on 28 October 1955
　　　　at 22:00 (= 10:00 PM)
Place　Seattle, Washington,
　　　　47n36, 122w20
Timezone　PST h8w
　　　　(is standard time)

| 火月干義景害 十十 己丙 蓬地孫 華 66 木 39 衰旺 | 天馬 和杜命 五五 辛庚 孫 77 火 14 六儀擊刑建 | 金華義開體 二八 乙戊 父 69 土帶 29 | 歲支沖虎 |
|---|---|---|---|
| 歲干和休宜 一九 癸乙 心天財 年殺 67 木 38 病 | 祿 四六 丁 鬼 57 土 45 和局 日劫 | 日干和死氣 七三 丙壬 父 90 金 5 生 | 歲亡甫合 |
| 木時干義驚德 六四 壬辛 財 柱直 83 土 9 ○死 墓 | 年殺 義傷魂 三七 戊己 兄 72 水 21 六儀受制格 胞 | 水華日亡和生歸 八二 庚癸 53 金 2 貴 胎養 | ⟨世⟩ 時支 庚癸 月支英陰 歲馬 |

명실공히 세계 최고의 부자인 빌 게이츠의 사주다.

빌 게이츠는 전형적인 큰 성공을 할 수 있는 엘리트 사주라고는 하나, 신왕재왕(身旺財旺)의 전형적인 장상형 사업가가 아니다. 돈 자체를 움직이는 게 주된 사업이 아니라 아이템으로 뜬 다음 관(官)을 통해 끌어 먹는 관인상생형(官印相生形) 부자가 어느 정도까지 성공할 수 있는지를 보여 주는 좋은 예시라 할 수 있다.

특히 눈에 띄는 것은 일지(日支)에 붙어 있는 경가계(庚加癸) 대격(大格)이다. 아마도 빌 게이츠는 간이 배 밖으로 튀어 나온 담대한 사람이었을 것이다. 대격이 있는 사람은 실격(失格)했을 경우에 간이 지나치게 커서 큰일을 저지르고 재산을 다 털어먹으며, 술값 갚기 바쁜 사람이 될 수 있다. 하지만 이렇게 문괘(門卦)를 잘 만나고 상생(相生)이 되어 입격(入格)했을 경우에는 대단히 화끈하고 사나이다운 기백을 지닌 사람으로서 승화가 되어 대박을 칠 수가 있다.

대격이 부귀지명(富貴之命)일 경우 대발한다 했는데, 사지화살(四支化殺)의 귀인(貴人)에 관인상생이니 충분히 부귀지명의 대격이라 볼 수 있다. 이렇게 승화된 대격이 어느 정도까지 큰 부귀지명과 대발을 할 수 있는가를 잘 보여 주고 있다.

기문학에서는 원상통기(圓狀通氣) 다음으로 삼원통기(三圓通氣)를 좋게 보고, 그중에서 관인상생을 귀하게 본다. 물론 원상통기라 해서 반드시 성공하는 것은 아니며, 다른 통기보다 원상통기가 꼭 더 우수한 것도 아니다. 어쨌든 삼원통기에 관인상생인 빌 게이츠는 전형적인 엘리트 사주이며, 모범생 타입이었을 것이다.

만일 대격이 실격하여 풍운의 뜻을 펼치지 못했다면 오히려

재산을 크게 털어먹고, 평소엔 술값 갚기 바쁜 사람이 되었을 것이다. 하지만 부귀지명이 됨으로써 대인의 풍모로 엄청난 돈을 통 크게 기부하는 것으로 나타났다. 상생되는 화국(和局), 사지화살(四支化殺), 대격 등이 갖추어져 성공을 극대화로 끌어올린 경우에서 최고의 성공을 한 셈이다.

빌 게이츠는 기문으로 보았을 때는 불(火)이다. 그중 음화(陰火)의 경우, 기문학에서는 오행 중 가장 영특하고 창조력이 강하며 영성이 강한 오행으로 본다.

평소 성격은 평화주의자로 말썽, 다툼, 싸움을 싫어하는 편이다. 화국의 경우 생존본능이 강해서 싸움이나 위험을 피하기 위해서는 생불(生佛)처럼 참다가도 위기에 빠지면 그 누구보다도 빠르게 해결하고, 냉정해지는 특성을 가지고 있다.

통은 크지만 마음은 차가워서 의외로 냉정하고 단호한 면도 있을 수 있다. 성격이 대단히 변덕스러워서, 아침에 한 생각이 점심때 바뀌고, 점심에 한 생각이 저녁때 바뀌는 면도 있다. 이러한 모습은 예술가들에게서 많이들 나타나는데, 창조성으로 승화되기도 한다. 빌 게이츠의 창조력은 대단히 천재적이었을 것이다.

문제가 닥쳤을 때의 해결사적 능력, 지략가적 능력, 학문적 깊이, 재빠른 응용력 등이 모두 뛰어나다. 거기다 연예인적인 이미지 메이킹 능력이 매우 뛰어나서, 연예인을 했어도 성공했을 법한 팔방미인이다.

그런데 사업가치고는 아랫사람을 부리는 능력이 그리 뛰어나지 않으므로, 아랫사람을 다스리는 일은 가급적 다른 사람에게 맡기는 것이 좋다. 본인은 아이템 개발 및 얼굴마담 역할에 집중하는 것이 바람직하다. 회사가 커지고 안정될수록 실제 경영 보다는 아이템 개발 및 지략을 발휘하는 일에 힘쓰는 것이 좋다. 무엇보다도 매력이 넘치고 이미지가 좋은 연예인 기질이 있어서 회사의 대표 모델다운 역할을 하기에 매우 적합하다.

머리가 아주 좋아서 학업적 재능도 있고 공부도 잘하지만, 타고난 기질은 학자보다는 배우자마자 바로 써먹고 현실 세계에 바로 응용할 수 있는 일을 좋아하는 유형이다. 대격의 특성상 세계적으로 이름을 떨칠 풍운의 꿈을 아주 일찍부터 꾸었을 것이다.

15~21세 때는 동료나 동업자를 만나는 시기다. 원래는 이런 시기를 썩 좋게 보지 않으나, 불의 경우엔 조금 다르게 본다. 불은 서로 합쳐지면 더 크게 타오를 수 있고, 나무를 더 잘 받아먹을 수 있기 때문이다. 때문에 오히려 혼자서는 못할 일들을 함께 해나갈 수 있을 법한 동료들을 만날 수 있다. 이 시기쯤에 학업을 포기했는데, 원래는 마음만 먹으면 가장 좋은 학교에서 우수한 성적으로 졸업하는 것도 충분히 가능했을 것이다. 아마도 동료나 동업자를 만나는 비견겁운(比肩劫運)의 특성상 같은 뜻을 가진 친구들을 만나, 바로 실생활에 내놓을 수 있는 것을 개발하기 위해 도중에 학업을 그만두었을 가능성이 크다.

22~29세 때는 머리가 가장 잘 돌아가는 시기로, 중요 아이템 개발 및 앞으로 써먹을 기초 아이템들을 개발하기에 아주 좋았다. 뒤에 이야기할 스티브 잡스의 경우도 인수운(印綬運) 시기에 아이템의 기초를 정립하고 애플사를 설립한 것을 볼 수 있다.

30~38세 때부터는 본격적으로 재물을 끌어들이는 시기로, 인생에 축적된 부가 대부분 이 시기에서 기원되었을 것이다. 이전

부터 연구되었던 아이템들이 이 시기에 활짝 꽃피우기 시작해서 재물을 본격적으로 끌어들였다. 또한 인생의 여자를 만나는 시기이기도 하다. 부인을 만났을 때가 아마 이 시기가 아닐까 한다.

40~45세 때는 명예를 얻기에는 좋으나 사업가로서는 좋은 시기로 보지 않는다. 이때부터는 본격적으로 실경영보다 회사의 얼굴마담 역할을 하기에 좋다. 46~53세 때 역시 비교적 운이 좋은 시기여서 이득을 누렸을 것인데, 후반기 운부터는 다소 손해 보는 프로젝트도 했을 수 있다.

신약(身弱)의 특성상 부가 세습되기는 힘들므로, 후손에게는 적당히 부귀하게 살 정도만 재산을 물려주고 나머지는 세상에 환원하는 길을 걷는 것도 괜찮다. 또는 경영권을 친자(親子)가 아닌 다른 사람에게 물려줄 수도 있다.

45세 이후의 후반기 운부터는 사업가에게 좋지 않다는 재극인(財剋印)을 하므로 사업 일선에 뛰어들지 않는 것이 좋다. 대신 매력을 발휘해서 계속 회사의 아이콘으로 활동하면서, 문장 감각을 활용해 가끔 책을 내는 등의 활동을 하는 것이 좋을 듯하다.

# 스티브 잡스

Steve Jobs

애플의 창시자

## 奇門

陰曆: 1955年 2月 2日 戌時
陽曆: 1955年 2月 24日 戌時

| 5 | 3 | 5 | 2 | |
|---|---|---|---|---|
| 戊 | 丙 | 戊 | 乙 | 六 |
| 戌 | 辰 | 寅 | 未 | 九 |
| 時 | 日 | 令月 | 年 | |
| 11 | 5 | 3 | 8 | |

六局　中元　雨水　陽遁

스티브 잡스
(Steve Paul Jobs)

Born on   24 February 1955
　　　　at 19:15 (= 7:15 PM)
Place   San Francisco, California,
　　　　37n47, 122w25
Timezone   PST h8w
　　　　(is standard time)

| 火 <世> 華 日干 歲亡馬日 | 華 歲 | 金 華 | 歲支沖地 |
|---|---|---|---|
| 傷德 二三 壬丙 蓬陳 | 和 杜歸 七八 庚辛 任雀 | 義 開魂 四一 丁癸 | |
| 　　　　　47 | 　　　　死 | 　　　　66 | 54 |
| 六儀擊刑 衰 病 木 3 | 　　　火 38 | 胞墓　　　土 | 43 |
| 歲馬日劫 | 歲干 | 年殺 | 日亡 |
| 迫 驚氣 三二 戊丁 心合 | | 和 生宜 九六 丙己 | 甫天 |
| 　　　　50 | 六九 乙 鬼 | 　　　　83 | |
| 祿 六儀擊刑 旺 木 45 | 刑破局　　土 90 12 | 胎　　　　金 | 23 |
| 木 天馬 | 月支 | 年殺 | 水 時干 月干 |
| 制 休害 八七 己庚 柱陰 | 制 景體 五十 癸壬 芮蛇 | 和 死命 十五 辛戊 | 時支 英直 |
| ○ 　　　　74 | ○ 　　　　59 | 　　　　84 | |
| 建帶　　　土 30 | 　　　　水 42 | 生養　　　金 | 17 |

애플의 창시자, 전 세계 아이티(IT) 업계의 신화, 스티브 잡스의 사주다.

스티브 잡스는 순양원상통기(純陽圓狀通氣)라는, 한눈에도 비범한 사주를 가졌다. 쌍재(雙財)를 끌어모으니 재물 감각도 탁월하지만, 손(孫)과 인수(印綬)가 왕(旺)한 것으로 보아 아이템 개발 능력이나 학업 능력도 비범했을 것으로 보인다. 또한 무엇보다도 관(官)이 매우 왕해서, 광고 홍보 능력 등도 꽤나 좋았을 것이다.

앞서의 빌 게이츠도 중궁관(中宮官)의, 관이 매우 왕한 사주다. 이렇게 아이템 개발을 해서 판매를 하는 아이티 업종은 관이 왕한 것이 상당히 중요한 모양이다.

원상통기(圓狀通氣) 특유의 앞을 내다보는 혜안, 재물을 모으는 감각, 거기다 형파국(刑破局)에 순양(純陽)의 카리스마까지 갖추었다. 순양원상통기는 군왕의 사주라고도 부른다. 말 그대로 현대 사회의 제왕이 된 사람다운 사주라고 할 수 있다.

다만, 사주상으로 4세부터 12세까지는 관운(官運), 17세까지는 문괘(門卦)가 좋지 않은 시기라 어린 시절이 매우 힘들었을 것으로 짐작된다. 아마도 양부모 손에서 자란 기간이 실제로도 꽤나 힘들었던 모양이다.

18세부터 머리가 번쩍 뜨이기 시작해서 18~23세 때가 매우 좋다. 이때엔 아이디어가 샘솟고 재능을 극단적으로 발휘할 수 있다. 이때 애플사를 설립한 것으로 알려져 있다. 아마도 기초적인 이론이나 개념들 대부분이 이때 나왔을 것이다. 그 뒤엔 사실상 재능이 눈부시게 빛나는 시기는 다소 적으나, 원상통기 특유의 이득을 내는 수완은 아주 좋았을 것이다.

머리통을 뜻하는 자리에 사기꾼을 뜻하는 주작투강(朱雀投江)의 흉격(凶格)이 붙어 있는 것이 인상적이다. 실제로 잡스는 경영 능력과는 별개로 남의 것을 베끼는 기질이나 사기꾼 기질이 있었다고 한다.

24~30세 때는 적극적으로 사업을 확장하는 시기다. 31~38세 때는 동료들을 만나고, 39~42세 때는 적극적으로 재물을 끌어모은다. 43세 때도 꽤나 좋으며, 44~45세 때는 삼형(三刑)의 위기로 잠시 힘들었을 수 있다.

그런데 45세까지의 전반기 운을 뜻하는 지반수(地盤數)는 순양으로 원상통기를 하는 데에 비해, 45세 이후를 뜻하는 천반(天盤)은 순음(純陰)이면서 깨져 있는 양상이다. 이것이 비교적 일찍 세상을 떠난 데에 영향을 끼친 듯하다.

주목할 만한 점은 51~54세 때의 관귀운(官鬼運)이다. 관귀운에 질병이 찾아오는 것은 별로 신기하지도 않을 정도로 흔한 일이다. 특히 금(金)의 관귀운이 무섭다고 알려져 있다. 뒤에서 볼 아디다스 CEO(최고경영자)를 역임한 로베르 루이드레퓌스도 똑같이 금의 관귀운에 백혈병에 걸렸다.

게다가 스티브 잡스는 삼형(三刑)을 무릅쓴 성국(成局)으로, 삼형의 징조를 가지고 있다. 사주에 삼형을 작하거나 징조가 보이면 기부를 많이 하고 좋은 일을 많이 해야 화를 피할 수 있다고 한다. 특히나 스티브 잡스처럼 삼형의 징조가 보이고 후반기 운이 돌아가지 않을 경우에는 말년에 사업 일선에서 잠시 물러나 봉사 활동과 자선 활동 등을 적극적으로 하는 것이 좋다.

그런데 잡스의 경우에는 그런 면이 부족하다 못해 그럴 리가 없는 인물임을 생각해 볼 때 잡스에게 기대할 수 없는 일이다.

물론 20년 동안 사람들 몰래 재산을 사회에 환원한 '기부왕'이라는 신문기사도 있지만, 기부 주체가 '스티브 잡스 가족'이라고 되어 있는 것으로 보아선 잡스가 아닌 부인의 행보로 보인다. 게다가 이 사주로 보건대, 잡스는 유명세를 떨치는 것을 대단히 좋아해서 자신이 하지 않은 행동도 했다고 떠들 판국에 그런 기부 활동을 몰래 할 리가 없을 것 같다. 아마도 스티브 잡스가 세상이 모르도록 기부를 해온 게 아니라, 잡스의 부인이 기부 활동을 싫어하는 남편 몰래 기부를 해온 게 아닌가 한다.

잡스 스스로는 본인은커녕 남이 하는 기부에도 거부감을 느끼고 나눔이라는 개념이 별로 없는 인물이라는 설이 많다. 실제로 잡스는 애플로 복귀한 뒤 직원들이 자발적으로 진행하는 기부 프로그램을 없앨 정도였다고 한다. 후반기의 깨진 운이나 삼형의 징조 등으로 인해 적극적으로 나서서 자선 활동을 해도 모자랄 판에 정말로 그러고 살았다면 오래 사는 게 이상한 일일 것이다.

어쨌든 51~54세의 관귀운에 암 투병을 했을 것으로 보이며, 그 전의 46~50세 때의 삼형의 징조가 있는 시기도 영 징조가 좋지 않다.

55~59세의 절명운(絶命運) 시기를 보면, 이때의 징조 자체도 썩 좋지 않지만 더 안 좋은 것은 수미복배(首尾腹背)의 자리다. 해당 자리의 숫자를 뒤집어 놓은 수미복배 자리의 징조가 해당 자리에서 일어나는 경우가 많다. 수미복배의 징조를 보면 문괘가 사문절명(死門絶命)으로, 죽음의 징조가 아주 뚜렷하게 나타나 있다.

# 마이클 블룸버그

Michael Bloomberg

정치인이 된 언론 재벌

## 奇門

陰曆: 1941年 12月 29日 未時
陽曆: 1942年 2月 14日 未時

| 6 | 5 | 9 | 9 | |
|---|---|---|---|---|
| 己 | 戊 | 壬 | 壬 | 二 |
| 未 | 戌 | 寅 | 午 | 二 |
| 時 | 日 | 令月 | 木年 | |
| 8 | 11 | 3 | 7 | |

八局　上元　立春　陽遁

마이클 블룸버그
(Michael Rubens Bloomberg)

Born on   14 February 1942
        at 15:40 (= 3:40 PM)
Place    Brighton,
         Massachusetts,
         42n21, 71w09
Timezone    EWT h4w
           (is war time)

| 火 和宜 ○ 帶 | 歲劫 八六父 | 劫日 壬癸 沖天父 61 木 浴 43 | 時干 義生魂 | 三一父 癸己 | 歲支 甫直 81 火 25 | 金 死歸 六儀擊刑 胎 | 十四鬼 己辛 養 土 | 時支 英蛇 77 32 |
|---|---|---|---|---|---|---|---|---|
| 月干 義景害 建 | 歲干 九五財 | 年殺 戊壬 任地 70 木 37 | 伏 祿 和局 | 天馬 二二孫 丁 | 歲亡日亡 53 土 45 胞 | 開德 | 五九官 辛乙 | 歲馬 日馬 芮陰 90 金 17 |
| 木 日干 義驚氣 貴 | 月支 四十財 旺 | 蓬雀 庚戊 85 土 衰 24 病 | 義傷命 | 一三兄 | 月支 丙庚 心陳 78 水 28 | 水 〈世〉 制體 死墓 | 六八丙 乙丙 | 華 柱合 51 金 8 |

40  1부 세계의 부자들

마이클 블룸버그는 그 이름에서 알 수 있듯이 블룸버그 통신을 설립한 억만장자의 사업가이며, 동시에 10여 년간 뉴욕 시장을 역임한 미국의 정치인이기도 하다.

의외로 사주에 자잘한 흉격(凶格)들이 보이는데, 이것은 미디어 계통에서 일하는 사람들에게 흔히 보이는 특징이다. 아무래도 미디어가 흉한 사건사고들을 많이 다루는 까닭인 듯하다. 흉격이라고 해서 쓸모가 없는 것은 아니고, 살성(殺性)이 강한 일에는 효과적으로 쓰이기도 한다. 특히 필자가 절대 쓸데없다고 생각했던 유로무화(有爐無火)의 경가무(庚加戌)의 흉격이 뒤에 나오는 다른 거물급 미디어 재벌인 뉴스코퍼레이션 회장 루퍼트 머독에게서도 발견된다는 것이 인상적이다.

이렇듯 나란히 비교되는 비슷한 분야의 재벌에게서 똑같은 흉격이 나타나는 것은 뒤에 나올 지방시와 발렌시아가의 사주에서도 볼 수 있다. 어쨌든 이 유로무화의 흉격은 미디어계의 재능으로 승화될 수 있다고 조심스레 예측해 본다.

자잘한 흉격들을 제외한다면 사주 자체는 '재생관인상생(財生官印相生)'이 되는 데다 국 바탕이 잘 풀릴 땐 가장 쉽게 성공한다는 화국(和局)의 사주다. 연달아 관인상생(官印相生)이라니, '관인상생이 안 되면 성공도 못하는 더러운 세상인가' 하는 생각이 들기도 하지만, 뒤에 보면 기문학에서는 국(局)이 깨지는 풍운아의 사주로도 거부가 되는 사람이 있다. 다만, 전반적으로 많은 성공한 사람들에게서 관인상생이 꽤 흔하게 발견되곤 한다. 물론 관인상생이라고 해서 꼭 성공적인 인생만 사는 것은 아니다. 제2권에 나오는 연쇄살인마들의 사주를 보면 더러 관인상생이 발견되기도 한다.

어쨌든 블룸버그는 관(官)이 재(財)를 끌어 자신이 먹는 형국의 재생관인상생이며, 손(孫)이 대단히 왕(旺)해 극관(尅官)을 하고 있다. 이러한 점은 뛰어난 아랫사람을 잘 발견하여, 아랫사람들을 잘 다루는 기술로 승화하기도 한다. 또한 뒤에 나오는 베르나르 아르노나 프랑수아 피노의 예시에서 보건대, 극관을 하면 회사를 인수·합병하는 재능도 있을 것으로 짐작된다. 또한 이런 사람들은 아랫사람을 잘 선동하므로, 이러한 것이 훗날 정치인으로서의 기질로 승화된 듯하다. 손이 매우 왕하니 전기공학을 전공한 '공돌이'답게 기술자로서의 재능도 상당했을 것으로 보인다.

입사년도가 인상적인데, 1966년 살로몬 브라더스에 주식 트레이더로 입사한 것으로 알려져 있다. 입사년도가 정확히 25세 때(1966년)의 인수운(印綬運)인 것을 볼 수 있다. 가장 좋은 시기에 입사한 사람답게 초고속 승진을 거듭하여, 역시 회사생활을 하기에 가장 좋은 시기인 인수운에 일약 파트너의 지위까지 오른다. 그전 시기인 26~27세 때에는 경쟁자에게 좀 치였을 수도 있고, 29~32세 때에는 인정은 받아도 회사생활 자체는 자잘한 사건들이나 실수들로 인해 힘들었을 수도 있다. 어쨌든 상생(相生)이 모두 자신에게 되고 있으므로, 인수운 때 회사생활이 술술 풀리고 꽃피움이 절정에 달했을 것이다.

그런데 극관을 하는 사람답게 해고를 당하는데, 인수운에 해고되는 사람답게 무려 천만 달러의 퇴직금을 받고 해고당했으니 아쉽지도 않겠다. 더군다나 해고된 시기에 쉬는 것이 좋다는 징조까지 붙어 있어, 좋은 전환점이 되는 바람직한 퇴직이었음을 볼 수 있다. 게다가 수미복배의 징조에 가만히 있는 것은 좋지 않다고 하니, 힘든 상황에서 빠져 나와 변화하는 것이 좋은 시기임을 볼 수 있다.

　이후 블룸버그는 물가상승률을 생각한다면 현재 기준으로는 천억 원쯤은 될 듯한 이 엄청난 퇴직금으로 원래의 공돌이 기질을 살려 단말기를 만들어 판매하고, 투자에도 손을 댄다. 인수운은 투자하기엔 괜찮은 운으로 본다. 때문에 43세 즈음까진 투자 쪽에 중점을 두는 게 좋고, 이후 44~45세 때는 씨를 뿌리는 시기라 이때부터 적극적으로 사업 확장을 했을 수 있다. 과연 회사 이름에 자신의 이름인 '블룸버그'를 붙인 것이 중궁(中宮) 손운(孫運)의 씨를 뿌리는 시기인 44~45세(1985~86년) 때임을 볼 수 있다. 그 뒤 6년간 인수운이라는 좋은 운을 맞이한다. 이처럼 유효적절한 때에 좋은 운이 오는 것도 행운이라 하겠다.

　흥미로운 것은 62~70세 때다. 삼형(三刑)의 관운(官運)이라 살성(殺性)이 강한 일을 해야 하는데, 바로 이때에 가장 적극적으로 정치 활동을 했다. 정치 활동에 뛰어든 시기는 효수(爻數)로는 비견겁(比肩劫) 시기인데, 사주에 해당하는 자리 자체는 회사에서 쫓겨난 뒤 새로운 삶을 시작했을 때와 똑같은 자리임을 볼 수 있다.

　만일 삼형의 시기에 사업을 했다면 꽤나 손해를 보았을 텐데, 다행히 정치를 함으로써 그 살성을 오히려 이용하였다. 사업만 했으면 날렸을 돈을 정치에 쏟아 부음으로써 권력으로 쥐고 흔든 것이다.

　71~77세의 현재 시기는 재물운이라 다시 재물에 관심을 가질 수 있는데, 정치인으로 재정정책에 관심을 가지는 것으로도 나타날 수 있다. 다만 큰 변동사항이 좋지 않고, 한순간에 아차

실수를 할 수 있으며, 아무런 결과가 없고 구설수가 있을 수 있다는 흉격들이 중복되는 시기이므로 현재 시기에선 이제까지 쌓은 것들을 지키는 수준으로 조용히 활동하는 것이 권장된다. 풍운의 꿈을 꿀 수 있는 시기는 77~78세경(2019년경)으로, 원한다면 이때에 또다시 큰 자리를 얻을 수 있다.

전체적으로 재생관인상생으로 돈과 명예를 모두 끌어모으고 있으나, 자신은 모두 손(孫)으로 가서 쏟아 부어 극관을 하는 것을 볼 수 있다. 이런 맥락에서 그동안 끌어모은 돈과 명예를 갖고 최종적으로 시선을 던진 곳이 바로 세상을 바꾸는 데 필요한 권력을 얻는 것이었음을 볼 수 있다.

# 테드 터너

Ted Turner
CNN의 창시자

## 奇 門

陰曆: 1938年 9月 28日 辰時
陽曆: 1938年 11月 19日 辰時

| 7 | 2 | 10 | 5 | |
|---|---|----|---|---|
| 庚 | 乙 | 癸 | 戊 | 六 |
| 辰 | 卯 | 亥 | 寅 | 六 |
| 時 | 日 | 令月 | 年 | 水 |
| 5 | 4 | 12 | 3 | |

八 中 小 陰
局 元 雪 遁

테드 터너
(Robert Edward Turner III)

Born on　19 November 1938
　　　at 08:50 (= 08:50 AM)
Place　　Cincinnati, Ohio,
　　　39n10, 84w27
Timezone　 EST h5w
　　　(is standard time)

| 火 驚害 二十父 癸壬 沖虎 時支 90 日干 義死命 七五父 壬乙 甫合 64 金華 生體 四八財 乙丁 英陰 52 |
| 六儀擊刑 養 生 木 10 浴 火 30 祿 建帶 土 45 |
| <世> 月干 傷宜 年殺 三九 戊癸 任武 歲馬 日劫 伏 天馬 六六孫 辛 歲劫 開氣 九三財 丁己 芮蛇 日亡 81 |
| 胎 木 49 沖局 土 88 16 旺 金 21 |
| 木 歲干 制休德 八四兄 丙戊 歲支 蓬地 72 制景魂 五七鬼 庚丙 年殺 心天 57 水 時干 制杜歸 十二官 己庚 華 歲日 亡馬 月支 柱直 82 |
| ○墓 胞 土 25 ○死 水 37 病衰 金 18 |

미국의 뉴스 전문 방송사 CNN을 설립한 테드 터너의 사주다.

테드 터너는 의외로 재물이 나타나지 않고 손(孫)이 매우 왕(旺)하면서 극관(尅官)을 하고 관(官)은 비견겁(比肩劫)을 치는, 전형적인 기자의 사주를 지녔다. 또한 운동선수 사주에 가깝기도 하다. 실제로 터너는 기자생활을 하지는 않았지만 기자들이 잔뜩 모여 있는 언론계의 거물이 되었으며, 지는 것을 싫어하고 스포츠를 좋아했다고 한다.

흥미로운 것은 아버지의 사업을 물려받았을 때인 유년(遊年) 시절이다. 26~30세 때 터너의 아버지는 인수·합병으로 인한 채무 부담으로 자살했는데, 이 도산 직전의 회사를 터너는 정상 궤도에 올려놓았다.

이 시기를 보면 인수(印綬), 즉 부모나 윗사람의 자리에 뚜렷한 사문절명(死門絶命)의 문괘(門卦)가 있다. 하지만 동시에 이 인수를 삼살(三殺)로 빨아들이고 있다. 부모의 죽음이라는 흉한 일이 일어남과 동시에, 인수를 받아먹고 성공시키는 일을 해낼 수 있는 시기인 것이다.

CNN을 설립한 시기도 이채롭다. 38~45세 때인 유년에 설립하였는데, 삼은신(三隱神)으로 재능을 발휘할 수 있는 재물의 시기이기는 하나 재극인(財尅印)으로 흐름은 깨져 있다. 전형적인 기자의 사주로 언론계 제왕이 되었듯이, 기자의 재능 중 하나인 재극인을 하는 시기에 CNN을 설립하였다. 사업을 설립하는 시기가 사업 분야에 따라 다름을 볼 수 있다.

또한 흥미로운 사실은, 회사를 설립한 때가 을병정(乙丙丁)이 좋은 문(門)을 만나 재능을 발휘하는 분위기가 형성된 시기라는 것이다. 이것으로 회사 설립 및 상장은 해당 운세의 분위기와

재능이 빛을 발하는 정도가 상당히 중요하다는 가설을 세울 수 있다. 보통은 해당 운세의 분위기보다는 해당 운세에서의 기의 흐름을 더 중요하게 본다. 결혼 같은 경우는 해당 운세의 분위기도 중요시 여기는데, 회사 설립은 결혼의 경우처럼 해당 운세의 분위기가 중요한 모양이다.

토(土) 자리가 왕해서 부동산으로 재미를 보았을 수 있으며, 큰 건물을 소유할 수 있다. 숨겨 놓은 재산도 상당히 많다. 다만, 손이 왕하여 인정이 많고 퍼주는 걸 좋아한다. 실제로 테드 터너는 기부 및 봉사활동도 꽤 하는 것으로 알려져 있다.

# 루퍼트 머독

## Rupert Murdoch

### 뉴스코퍼레이션의 미디어 재벌

## 奇門

陰曆: 1931年 1月 24日 子時
陽曆: 1931年 3月 12日 子時

| 5 | 3 | 8 | 8 |
|---|---|---|---|
| 戊 | 丙 | 辛 | 辛 |
| 子 | 寅 | 卯 | 未 |
| 時 | 日 | 令 | 年 |
| 1 | 3 | 木 4 | 8 |

六七

루퍼트 머독
(Keith Rupert Murdoch)

Born on  11 March 1931
         at 23:59 (= 11:59 PM)
Place   Melbourne, Australia,
        37s49, 144e58
Timezone   AEST h10e
        (is standard time)

一局　上元　驚蟄　陽遁

| 火月干 歲干 杜魂 二一 己辛 芮合 財 71 帶建 木 31 | 日劫 景宜 七六 丁乙 財 90 旺 火 11 | 金華 天馬 歲劫日馬 制休德 四九孫 癸己 心雀 78 病衰 土 28 |
|---|---|---|
| 年殺 迫開命 三十兄 月支 乙庚 英陰 浴 74 木 30 | 伏歲馬 伏日亡 六七 壬 父 69 戰局 土 38 | 制傷歸貴死 九四孫 戊丁 蓬地 62 金 45 |
| 木 <世> 日干 生體 八五 辛丙 甫蛇 53 悖亂格 生養 土 5 | 時干 年殺 迫死害 五八官 庚戌 時支沖直 83 庚格-時格 胎水 19 | 水 華 歲亡 驚氣 十三鬼 丙癸 任天 63 ○墓 胞 金 41 |

다국적 미디어 그룹인 뉴스코퍼레이션의 회장이고, LA 다저스의 구단주인 루퍼트 머독의 사주다. 이 인물은 뉴욕 포스트, 타임스, 폭스 방송, 20세기 폭스, 스타 TV, LA 다저스 등 52개국에서 780여 종의 사업을 벌이고 있는 미디어 재벌이다.

역시 관인상생(官印相生)이 되는 사주임을 볼 수 있다. 손(孫)이 대단히 왕(旺)하고 좋은 것이 특징적이며, 관(官)에 도화살(桃花殺)과 함께 아무 결과도 없다는 유로무화(有爐無火)의 흉격(凶格)이 붙어 있는 것도 특징적이다.

아마도 이 흉격은 처음 아버지의 신문사를 인수했을 때 스캔들, 가십, 섹스 등 질 낮고 알맹이는 없지만 독자들의 흥미를 유발하는 데 효과적인 기사 위주로 판매 부수를 폭발적으로 늘렸던 것과 관계있는 것 같다. 또한 유로무화의 흉격은 언론계의 재능으로 승화되기도 한다.

원래의 주인을 놔두고 변칙적으로 관인상생의 기(氣)를 끌어 먹고 있기 때문에 편법에 아주 능하며, 경쟁에서 지지 않는다. 경쟁업체가 많은 곳에서 일할수록 효과적이다.

성격은 극심하게 예민하고 자존심이 세지만, 대신 섬세하고 매력적인 면이 많다. 수완이 대단히 좋으며 주변 사람들에게 인기가 많은 사람이었을 것이다. 아주 싹싹하고 혀가 독살스러운데, 이러한 면은 연예방송 분야에서 일하는 사람들에게서 흔히 볼 수 있다.

천반수(天盤數)까지 끌어서 자신이 모든 기를 인정사정없이 끌어 먹는 것이 인상적이다. 정말이지 아주 얄밉도록 이것저것 다 끌어 먹고 있는 사주다. 사람 자체도 아마 전 세계를 향해 눈빛을 번뜩이며 '뭐 끌어 먹을 거 없나'를 항상 생각하는 부류

일 것이다. 도화살을 탄 동료나 경쟁자가 자신의 밥그릇을 키워주니, 연예계를 이용하여 돈을 버는 것이 매우 효과적이다.

특히 45세 이후의 후반기 운으로 가면 천반수의 재물까지 싹 끌어모으고 있으므로, 일생일대의 큰 부(富)는 아마도 후반기 운 이후에 많이 이룩했을 가능성이 크다. 물론 전반기 운 역시 관인상생으로 끌어 먹는 데다 20대와 30대 모두 좋으므로 이미 전반기 운에서 대단히 큰 성공을 이루었을 것이다. 그것을 다국적 기업으로 폭발적으로 늘려 돈을 끌어 먹는 것은 후반기 운에 가서였을 것으로 보인다. 사주에서도 이곳저곳 많은 곳에서 재물을 끌어 먹고 있기 때문에 문어발처럼 많은 곳에 사업을 펼쳐 끌어 먹는 것으로 나타나고 있다.

# 미켈레 페레로

Michele Ferrero

밸런타인데이에 세상을 떠난 초콜릿의 제왕

## 奇門

陰曆: 1925年 4月 4日 午時
陽曆: 1925年 4月 26日 午時

| 9 | 7 | 7 | 2 | 七 |
|---|---|---|---|---|
| 壬 | 庚 | 庚 | 乙 | 一 |
| 午 | 辰 | 辰 | 丑 |  |
| 時 | 日 | 令 | 木 |  |
| 7 | 5 | 月 | 年 |  |
|   |   | 5 | 2 |  |

미켈레 페레로
(Michele Ferrero)

Born on   26 April 1925
          at 11:30 (= 11:30 AM)
Place   Ogliani, Italy,
        44n24, 7e33
Timezone   MET h1e
          (is standard time)

五 上 穀 陽
局 元 雨 遁

| 火 天 馬 華 | 月 時 年 時 | 金 歲 劫 |
| <世> 干 支 | 干 支 殺 支 | 日 馬 |
| 迫 驚 三 庚 柱 | 制 開 八 己 心 | 迫 杜 癸 蓬 蛇 |
| 氣 五 乙 天 | 體 十 壬 直 | 命 五 丁 57 |
|   48 | 兄 71 | 三 |
|   帶 建 木 5 | 旺 火 36 | 鬼 土 41 |
|   | 病 衰 ○ | |

| 傷 四 丁 芮 | 伏歲馬 | 日 月 年 |
| 德 四 丙 地 | 伏日亡 | 干 干 殺 |
|   孫 52 | 七 戊 | 和 死 十 辛 任 |
|   | 一 財 90 | 害 八 庚 陰 82 |
|   浴 木 45 | 冲局 土 6 | ○死 官 金 21 |

| 木 華 歲亡 歲支 | 日劫 水 |
| 和 景 九 壬 英雀 | 休 六 乙 甫 | 和 生 一 丙 冲 |
|   宜 九 辛 80 | 歸 二 癸 陳 63 | 魂 七 己 合 83 |
|   孫 | 父 | 父 |
|   祿 生 養 土 30 | 胎 水 38 | 胞 墓 金 13 |

이름만 들어도 누군지 짐작하겠지만, '페레로 로쉐'로 유명한 페레로 그룹의 회장이자 이탈리아의 갑부 미켈레 페레로의 사주다. 초콜릿 제왕답게 2015년 밸런타인데이에 사망한 것으로 유명하다.

페레로 설립자로 알려져 있는데, 실제 설립자는 미켈레 페레로의 아버지 피에트로 페레로이다. 작은 마을에서 시작한 가족 사업체였던 페레로를 미켈레 페레로가 물려받아 세계적인 초콜릿 회사로 성장시켰다.

일단 사주에서 중궁(中宮)의 재(財)를 확인할 수 있다. 신왕재왕(身旺財旺)에 식신생재(食神生財)로 기가 모두 재물에게 쏠려 있어서, 그야말로 전형적인 장상운 사주다. 식품 회사를 키워 낸 사람이라 그런지, 손(孫)이 왕(旺)한 것을 볼 수 있다. 토(土)가 왕한 것도 재물을 많이 모을 수 있는 징조로 보기도 한다.

물과 불이 부딪히는 수화충(水火冲)이라 창조력이 우수하고, 예술가적 기질이 뛰어난 사람이다. 성격 자체는 매우 소탈하고 화끈했을 것이며, 가정적인 사람으로 보인다.

식신생재의 삼원통기로, 기문학에서는 보통 삼원통기 중에선 자신이 받아먹는 관인상생(官印相生)을 더 귀하게 본다. 하지만 이렇듯 식신생재의 삼원통기로도 상당히 많은 재산을 일구는 것을 볼 수 있다. 하긴 조선시대를 기준으로 보면 떡 장사로 성공한 사람쯤 될 테니, 사람들이 우러러보지 않았을 것이다. 그보다는 관직에 오를 수 있는 관인상생을 옛날 시대에는 더 귀하게 보았을 것이다. 지금이야 월급쟁이 고급 공무원이 되겠느냐, 이탈리아의 최고 갑부 미켈레 페레로가 되겠느냐 물으면 다들 후자를 고르지 전자를 고를 사람은 없겠지만 말이다.

물론 관인상생이라고 공무원만 한다는 건 아니고, 관인상생형 사업가도 많다. 세계에서 가장 유명한 3대 갑부라 할 수 있는 빌 게이츠, 스티브 잡스, 워런 버핏 모두 관인상생형 사업가다. 관인상생일 경우 아이템 개발을 통한 사업이나 고급 사업이 맞고, 식신생재는 잔손님들을 상대로 한 음식 장사나 물건 장사를 하는 경우가 많은데, 이 경우도 역시 그 기조는 맞다. 초콜릿 '페레로 로쉐'나 초콜릿 잼 '누텔라' 등은 비교적 저가 브랜드로, 고급 손님만을 상대하는 게 아니라 전 세계 모든 사람들을 상대로 판매하는 제품이니 말이다.

특히 토로 손을 생해서 모두 재물로 향하는 것을 볼 수 있는데, 토는 단것을 뜻한다. 더군다나 페레로 로쉐나 누텔라 자체가 토의 색상인 갈색을 띠고 있다. 경영 능력뿐만 아니라 단것을 만드는 재능 자체도 있었을 거라 짐작할 수 있다.

종명운(終命運)이 인상적인데, 한국 나이로 91세가 되자마자 세상을 떠났다. 이때에 천마(天馬)가 나타나 있다. 이것은 일반적으로 외국 갈 일이 많다고 해석되거나, 페레로 같은 경우는 세계적인 기업으로 성장하는 데 필요한 하늘을 나는 날개라고 해석되기도 한다. 하지만 이렇게 나이가 들어서 오면 하늘나라로 가는 것을 뜻하기도 한다.

# 베르나르 아르노

## Bernard Arnault

### 명품 업계의 큰손

## 奇門

陰曆: 1949年 2月 6日 酉時
陽曆: 1949年 3月 5日 酉時

| 10 | 1 | 3 | 6 | |
|---|---|---|---|---|
| 癸 | 甲 | 丙 | 己 | 二 |
| 酉 | 午 | 寅 | 丑 | 四 |
| 時 | 日 | 令月 | 年 | |
| 10 | 7 | 3 | 2 | |

一局　上元　驚蟄　陽遁

베르나르 아르노
(Bernard Jean Etienne Arnault)

Born on   5 March 1949
            at 17:00 (= 5:00 PM)
Place   Roubaix, France,
           50n42, 3e10
Timezone   MET h1e
            (is standard time)

| 火 日干 制生歸 ○ | 八八兄 表 | 乙辛 病木 | 英陳 73 29 | <世> 和 | 傷德 祿 | 三三 死 | 己乙 | 歲劫 芮雀 火 | 48 3 | 金 歲干 義 | 驚宜 胞墓 | 十六父 | 丁己 土 | 歲馬日劫 柱地 89 14 |
|---|---|---|---|---|---|---|---|---|---|---|---|---|---|---|
| 制體 旺 | 天馬 死 九七孫 | 辛庚 木 | 年殺 甫合 82 21 | | | 伏歲亡 伏日馬 二四官 戰局 | 壬 土 | | 65 33 | 義 休魂 胎 | 五一父 | 癸丁 金 | 時支心天 57 43 | |
| 木 月干 義 建 | 月支 開命 華 四二孫 帶 | 庚丙 土 | 日亡 沖陰 52 45 | 義 氣 浴 | 杜 | 一五財 | 丙戊 水 | | 90 8 | 水 時干 迫貴 | 景害 生 | 六十財 | 戊癸 金 | 華 蓬直 63 42 |

이전에 살펴본 페레로가 전형적인 식신생재형(食神生財形) 사업을 하는 사람이라면, 아르노는 전형적인 관인상생형(官印相生形) 사업을 하는 사람이라고 볼 수 있을 것이다.

베르나르 아르노는 명품 업계의 큰손이며, 루이비통과 크리스챤 디오르의 실경영자이자 이들을 사실상 지금의 위치로 만든 인물이다. 이름 좀 들어본 대부분의 명품이 이 사람과 연관되어 있을 정도로 명품 업계의 많은 지분을 갖고 있는 프랑스 최고의 부자다. 한마디로 앞의 페레로와는 반대되는, 고급 시장의 최고봉격인 사업가다.

베르나르 아르노는 시간이 경계선에 걸려 있어서 신시(申時) 아니면 유시(酉時)다. 어차피 둘 다 관인상생에 극관(剋官)이긴 하다. 그런데 베르나르 아르노가 어려서부터 명문학교를 다녔고 레지옹 도뇌르 훈장(프랑스 최고 권위의 훈장)을 받는 등 명예가 많이 따랐다는 것을 비추어 볼 때, 보다 관(官)이 왕(旺)한 유시로 설정하고 보도록 하겠다.

무엇보다도 아르노가 레지옹 도뇌르 훈장을 받는 시기를 눈여겨볼 필요가 있다. 신시 같으면 경쟁자운에서, 유시 같으면 명예를 끌어 먹는 인수운(印綬運)에서 훈장을 받았다. 경쟁자운보다는 인수운에서 큰 명예와 영광을 끌어안을 가능성이 훨씬 크다.

유시는 사지화살(四支化殺) 귀인격(貴人格)에 관이 왕한, 전형적인 엘리트형 고급 사업의 사주다. 또한 인수가 물(水)인데, 여기에 등사요교(螣蛇妖嬌)인 계가정(癸加丁)의 요사스러운 흉격(凶格)이 붙어 있다. 이것은 주류 업계에서도 큰손이 되는 것으로 승화되었다.

또한 여기에 자식을 뜻하는 시지(時支)가 있어서 요사스러운 자식을 둘 수 있는데, 실제로 아들이 모델과 염문설을 내고 도박을 하는 등 요사스런 사건들을 일으켰다. 시간시지(時干時支)에 등사요교가 붙으면 못난 자식을 둘 수 있다고 하는데, 그 꼴을 톡톡히 보았다. 그래도 자식이 인수 자리에 있어 해는 안 되는데, 아르노는 아들이 본인의 끼를 살려 일을 하도록 광고 홍보 쪽의 일을 맡겼다. 그 뒤로 아들은 큰 피해를 일으키지 않고 회사를 위해 일하는 것으로 알려져 있다.

천반수(天盤數)까지 끌어 먹으므로 바늘땀도 안 들어갈 정도로 노회하고 철저하며 손해를 잘 안 보는 면이 있다. 극관으로 운동선수 기질도 있어서 스포츠에도 관심이 있다. 천반수까지 끌어 먹는 사주 특성상 거의 평생을 현역에서 뛸 것이며, 꽤 오랫동안 이 업계의 정상으로 군림할 수 있을 것으로 보인다.

# 프랑수아 피노

### Francois Pinault
아르노의 영원한 라이벌

## 奇門

陰曆: 1936年 7月 5日 午時
陽曆: 1936年 8月 21日 午時

| 9 | 2 | 3 | 3 | |
|---|---|---|---|---|
| 壬 | 乙 | 丙 | 丙 | 八 |
| 午 | 亥 | 申 | 子 | 二 |
| 時 | 日 | 令 | 年 | |
| 7 | 12 | 月 9 | 金 1 | |

八　下　立　陰
局　元　秋　遁

프랑수아 피노
(François Pinault)

Born on 21 August 1936
　　at 12:00 (= 12:00 noon)
Place　Dinan, France,
　　48n27, 2w02
Timezone　GDT h1e
　　(is daylight saving time)

| 火 時干 義宜 浴 | 華蓋 四六父 帶 | 己壬 | 歲亡 柱直 59 木 43 | 日干 和魂 貴 杜 生 | 九一父 | 時支 庚乙 86 火 25 | 心天 | 金 義 ○胎 | 華蓋 六四鬼 養 | 丙丁 | 月支 蓬地 70 土 32 | 開歸 |
|---|---|---|---|---|---|---|---|---|---|---|---|---|
| 和 休害 建 | 五五財 | 丁癸 | 芮蛇 64 木 37 | 伏 | 天馬 八二孫 和局 | 辛 55 土 45 | 歲劫馬日 | 和 ○胞 | 年殺 死德 祿 | 戊己 | 任武 90 金 17 | 日劫 一九官 |
| 木 義 驚氣 旺 | 十十財 衰 | 乙戊 | 英陰 89 土 24 | 月干 義 傷命 病 | 歲干 年殺 七三兄 | 壬丙 77 水 28 | 歲馬日亡 歲支甫合 | 水 和 祿 | 〈世〉 二八 生體 死墓 | 癸庚 | 沖虎 47 金 8 | |

베르나르 아르노의 라이벌로 유명한 프랑수아 피노의 사주다. 입생로랑 등 명품 브랜드를 보유한 피노는 프랑스 미술품의 최대수집가이자, 아르노와 구찌 쟁탈전을 벌여 승리한 일로 유명하다.

재밌는 사실은 피노의 사주가 아르노와 상당히 비슷하면서도 다르다는 것이다. 아르노는 금(金)이 왕(旺)한 관(官)이 관인상생(官印相生)을 하는 나무(木)이고 재물은 나타나 있지 않은데, 피노 역시 왕한 금의 관으로 관인상생하는 나무이고 재물은 의외로 나타나 있지 않다. 아마도 명품 업계와 미술품 업계는 재(財)보다는 관이 훨씬 중요한 듯하다. 둘 다 극관(尅官)을 하는데, 회사를 인수·합병하는 일의 재능이 이러한 극관으로 나타난 게 아닐까 한다. 또한 둘 다 관과 손(孫)이 모두 왕함을 볼 수 있다.

인수(印綬)가 왕한 아르노와는 달리 피노는 인수가 약해 학업 등에 큰 미련이 없었으며, 학교 자리에 구멍이 뚫려 있어서 학업도 결국 마치지 못했다. 특히 18~24세 때에 재물운이 와서 이때부터 일찍 돈에 관심이 많아져 사업을 한 것으로 보인다.

쉽고 빠르고 안전하게 성공한다는 화국(和局)의 관인상생으로, 재밌는 것은 유력한 경쟁자를 두고 자신이 관인상생을 먹고 있다는 것이다. 실제로 아르노는 피노와의 경쟁에서 번번이 백기를 들어야 했고, 그중 가장 유명한 것이 구찌 쟁탈전이다. 전체 사주는 아르노도 매우 좋지만, 이렇듯 둘이 일대일로 경쟁하는 것은 불리하다. 피노는 경쟁자를 두고 관인상생을 하면서 극관까지 하고 있으므로, 경쟁에서는 어지간하면 절대 지지 않기 때문이다.

후반기 운까지 끌어 먹는 아르노와는 달리 피노는 전반기 운을 주로 끌어 먹고 있는 데다 자손궁(子孫宮)이 왕하므로, 전반기 운이 훨씬 잘나가면서 자손의 능력이 괜찮은 편이다. 때문에 후반기 운에선 일선에서 은퇴하여 자식에게 물려주었던 듯하다.

사주 자체만 보면 사지화살(四支化殺)의 귀인격(貴人格)에 천반운(天盤運)까지 끌어 먹는 아르노의 사주가 더 좋아 보이고, 실제로 이 업계에서의 성공 정도는 아르노가 피노에게 결코 뒤지지 않을 것이다.

하지만 경쟁자를 두고 기의 흐름을 자신이 끌어 먹는 특성 덕분에, 피노는 아르노와의 직접적인 경쟁에선 항상 승리할 수 있었다. 거기다 계획한 일에서의 성공률이 높은 화국이라는 국 바탕도 작용을 했을 것이다.

아르노와 피노의 사주를 바탕으로 볼 때 명품 관련 사업은 재보다는 관과 손이 왕한 것이 중요하며, 특히 금이 왕한 것이 좋다는 가설을 내려 볼 수 있다.

# 레오나르도 델 베키오

## Leonardo Del Vecchio
### 전 세계 안경 산업의 신

## 奇門

陰曆: 1935年 4月 20日 寅時
陽曆: 1935年 5月 22日 寅時

| 1 | 5 | 8 | 2 |
|---|---|---|---|
| 甲 | 戊 | 辛 | 乙 |
| 寅 | 戌 | 巳 | 亥 |
| 時 | 日 | 令月 | 年 |
| 3 | 11 | 6 | 12 |

五局　上元　小滿　陽遁

레오나르도 델 베키오
(Leonardo Del Vecchio)

Born on   22 May 1935
         at 03:30 (= 03:30 AM)
Place   Milan, Italy,
        45n28, 9e12
Timezone   MET h1e
        (is standard time)

| 火歲干和休歸 三四 ○養胎 乙 乙 木 | 月支甫合 56 40 | 義生德 八九父 胞 | 歲劫日馬 壬壬父 79 30 火 | 英陳 | 死宜祿死 | 金華 五二財 | 丁丁墓 65 33 土 | 歲馬日亡 芮雀 |
|---|---|---|---|---|---|---|---|---|
| 義景體 四三孫 生 | 年殺 丙丙 木 | 歲亡 沖陰 60 36 | 日干 | 七五官 怨嗔局 | 戊 53 45 土 | 開魂 十七 財 戰格 | 庚庚 病 | 柱地 90 13 金 |
| 木月干義驚命 九八孫 浴帶 | 時支 辛辛 土 | 任蛇 88 21 建 | 時干義傷氣 天馬 六一兄 | 癸癸 | 蓬直 年殺 71 31 水 | 水<世>制杜害 一六 旺 | 日劫 己己 衰 | 歲支心天 46 6 金 |

선글라스로 세계 시장을 장악한 룩소티카의 회장이며, 전 세계 안경 산업의 신 레오나르도 델 베키오의 사주다.

특이한 점은 사주로는 도저히 자수성가로 거부가 될 것처럼 보이지 않으며, 천지반(天地盤) 모두 도식(倒食)을 하고 있다는 것이다. 재(財)가 왕(旺)하고 원상통기(圓狀通氣)는 되어야 자수성가해서 거부가 될 수 있는 건 아닌가 보다. 아마도 안경 산업이라는 특수성 때문인 듯하다.

이렇게 금목충(金木冲)으로 도식을 할 경우, 조각가로서의 재능으로 보기도 한다. 실제로 델 베키오는 어린 시절에 메달 조각공 밑에서 일했다고 한다. 아마 14~21세 때의 도식을 하는 운에서 그랬을 것으로 짐작된다. 유리를 깎아 만드는 안경이라는 특성상, 이러한 도식의 성향이 안경 기술자로서의 재능으로, 나아가 안경 사업가로서의 재능으로 발휘된 듯하다.

CNN의 설립자 테드 터너의 사주를 볼 때도 알 수 있듯이, 해당 업계의 제왕은 해당 업계에서 가장 전형적인 사주를 가지고 되기도 한다. 테드 터너의 경우 전형적인 기자의 사주이지만 기자는 하지 않았고, 대신 기자들 세계의 제왕이 되었다. 델 베키오는 전형적인 안경 기술자의 사주로 안경 산업의 신이 되었음을 짐작해 볼 수 있다.

돈 자체를 굴리는 사업 능력보다는 이러한 안경 기술자로서의 특성이 매우 강하기 때문에, 이럴 경우 모든 기반은 안경 자체에만 두고 다른 쓸데없는 짓은 벌이지 않는 것이 좋다. 특히나 델 베키오는 외골수의 사주라서, 한 우물만 죽도록 파는 것이 좋다. 실제로 델 베키오는 은둔형 성격에, 철저히 안경에 기반을 둔 외길을 걸었다. 사업 규모가 커지고 명품업체들과 제휴

를 하면서도 줄곧 안경만을 만들었다.

22~30세 때의 이른 운에 가장 좋은 운이 일찍 찾아온 것도 성공요인이 될 수 있다. 이때 자리를 잡아 룩소티카의 기반을 이루었을 것으로 짐작된다.

흥미로운 점은 조르지오 아르마니와 제휴하며 세계적으로 성장한 전환점이 된 시기다. 천반삼살(天盤三殺)로 도식을 하는 시기에 그런 엄청난 전환점을 맞이한 것을 볼 수 있다. 보통 도식은 일반적으로 사업에서 좋은 운은 아니며, 이렇게 삼살로 도식을 하는 경우는 특히 그렇다. 그런데 이렇게 금목충으로 도식을 하는 것이 안경 산업을 뜻하는 것이라면, 오히려 도식 시기에 대발하기도 한다는 것을 알 수 있다.

이렇듯 상생(相生)이 되는 사주로만 거부가 되어 성공하는 것이 아니며, 깨진 사주로도 그 사주에 맞는 일로 한 우물만 파서 세계에서 손꼽히는 큰 부자가 되는 것을 볼 수 있다.

# 리처드 브랜슨

## Richard Branson
### 괴짜 억만장자

## 奇門

陰曆: 1950年 6月 4日 卯時
陽曆: 1950年 7月 18日 卯時

| 4 | 1 | 10 | 7 |
|---|---|---|---|
| 丁 | 甲 | 癸 | 庚 | 四九
| 卯 | 寅 | 未 | 寅 |
| 時 | 日 | 令月 | 火年 |
| 4 | 3 | 8 | 3 |

一局　中元　大暑　陰遁

리처드 브랜슨
(Richard Charles Nicholas Branson)

Born on   18 July 1950
                at 07:00 (= 07:00 AM)
Place   Blackheath, England,
               51n12, 0w31
Timezone   GDT h1e
       (is daylight saving time)

| 火迫 時干開德 十三父 戊丁 蓬直 79 25 木建帶祿 | 制 驚歸 五八父 庚己 90 15 火旺刑格 | 金迫 傷魂 二一鬼 丙乙 82 20 土 衰病 月支 沖地 |
|---|---|---|
| 年殺 杜氣 一二兄 壬丙 80 22 木 浴 亡七日七 歲 時支心蛇 | 日干月干 四九 癸 70 34 土 戰局 財 歲馬日馬 | 義宜 休 七六官 丁辛 58 45 金 死 歲劫日劫 甫武 死 |
| 木＜世＞ 生害 六七 辛庚 柱陰 51 7 土 養生 ○ 歲干歲支 | 貴 迫 死體 三十孫 乙戊 85 19 水 胎 ○ 合芮 | 水迫 景命 八五孫 己壬 66 39 金 胞墓 天馬 華 英虎 |

영국 버진 그룹의 회장이며, 괴짜로 유명한 억만장자 리처드 브랜슨의 사주다. 그는 중궁재(中宮財)의 인물로서 왕(旺)하디 왕한 중앙의 쌍재(雙財)를 필살로 극(尅)하고 있다.

화통하고 활달하고 담대한 성격이며, 물(水)과 불(火)이 부딪히는 예술가 기질이 있다. 리처드 브랜슨 역시 룩소티카 회장처럼 상생(相生)이 되지 않고 깨지는 사주다.

특히 금수(金水)가 매우 왕하고 관귀(官鬼)가 왕한데, 금수가 왕한 것은 소리를 뜻하여 음악계에 맞고, 관귀가 왕한 사람은 방송과 잘 맞는다. 레코드사로 일대 부(富)를 이루었는데, 관귀에게 얻어맞아도 이렇게 사주에 맞는 사업을 할 경우 대발한다는 것을 알 수 있다.

나중에 설명하겠지만 조르지오 아르마니, 코코 샤넬 등도 관귀에게 얻어맞는 사주로 사업을 해서 대발하였다. 방송연예계와 연관 지어 예술적인 일로 사업을 하는 사람은 관귀에게 얻어맞는 사주로 성공할 수 있다는 것을 알 수 있다. 다만, 이러한 경우엔 돈 자체를 굴리는 일보다는 본인의 예술적 재능에 기반을 두어야 한다. 하지만 브랜슨의 경우 재물이 아주 왕해서 예술가에 가까운 아르마니나 샤넬에 비해 기질이 사업가 쪽에 더 가깝다고 볼 수 있다.

빌 게이츠도 수화충(水火冲)이 되지만 빌 게이츠보다 브랜슨이 훨씬 예술가 및 낭만가 기질이 많은 것으로 보아선, 빌 게이츠처럼 바닥에서 수화충이 되는 것보다는 브랜슨처럼 직접 물의 관귀에게 얻어맞는 불이 훨씬 예술가스러운 것으로 추측해 볼 수 있다. 사실 관귀에게 얻어맞는 것 자체가 예술가 또는 연예인다운 기질이다.

밝고 화통한 성격에 특히 동료나 경쟁자라 볼 수 있는 비견겁(比肩劫)이 꽤나 잘났는데, 이러한 면이 스타 등을 발굴하여 연예계 사업을 하기에 적합했을 것이다.

인수(印綬)가 없어 학업엔 관심이 없었던 것으로 보이며, 그래도 15세 무렵까진 비교적 성실하게 살다가 16세쯤에 들어선 손운(孫運)에서부터 자립을 꿈꾸게 된다. 이때부터 사업 일선에 뛰어들었으며, 물의 관운(官運)에서부터 레코드사를 계획하여 비견겁운에 레코드사를 설립한 게 주목할 만하다. 물이야 음악을 뜻하니 그럴 수 있지만, 도화살(桃花殺 = 年殺)을 탄 비견겁운에 레코드사를 설립한 것은 아마도 레코드사는 본인이 주인공이 아닌 가수나 연예인들이 주인공인 사업이기에 비견겁이 중요한 것 같다.

재물에 관심이 많아져 돈독이 제대로 오르는 시기는 26~34세 때다. 이 시기에 사업적 성공을 이루었다. 쌍재의 특성상 다방면에서 벌어들이는 재물이 있다.

재밌는 것은 비행기와 우주여행에 적극적으로 나선 대운(大運)이다. 35~39세 때 하늘을 나는 말, 현대에선 비행기를 뜻하는 천마(天馬)가 붙어 있다. 천마의 자리에 들어서자마자 비행기 사업을 시작한 것이다. 천마의 효수(爻數)가 약해 처음엔 고생했을 것이나, 어쨌든 삼살(三殺)로 재물을 생해 주기 때문에 결국 사업을 성공시켰다.

59~66세 때 다시 천마의 운에 들어서는데, 이 시기에 적극적으로 민간 우주선 프로그램에 매달렸다.

브랜슨은 사업가라기보다는 예술가의 모양새를 많이 띠고 있어서, 창조적이고 기발한 방법으로 돈을 벌었을 것으로 짐작된다.

# 로널드 페렐만

Ronald Perelman

## 다섯 번 결혼한 재벌

# 奇門

陰曆: 1942年 11月 25日 子時
陽曆: 1943年 1月 1日 子時

| 1 | 6 | 9 | 9 | |
|---|---|---|---|---|
| 甲 | 己 | 壬 | 壬 | 七 |
| 子 | 未 | 子 | 午 | 八 |
| 時 | 日 | 令月 | 水年 | |
| 1 | 8 | 1 | 7 | |

四局　下元　冬至　陽遁

> 로널드 페렐만
> (Ronald Owen Perelman)
>
> Born on   1 January 1943
>     at 00:07 (= 12:07 AM)
> Place    Fort Bragg,
>     North Carolina,
>     35n09, 79w0
> Timezone    EWT h4w
>     (is war time)

| 火 時干 制 生命 三二父 戊戊 甫直 歲亡日馬 | 歲支 和 傷害 八七父 癸癸 英蛇 | 金華 <世> 義 驚氣 五十 丙丙 芮陰 |
|---|---|---|
| 衰旺　　　　　　　木　86 6 | 祿　　　　建火　64 36 | 浴　　　　土　　50 3 |
| 年殺 制 死魂 四一財 乙乙 沖天 | 伏 日干 天馬 七八鬼 己 伏日亡 | 義 休體 十五兄 辛辛 柱合 |
| 貴 病　　　　　木　90 4 | 刑破局　　　　土　83 14 | 生　　　　　金　75 23 |
| 木 月干歲干 義 開歸 死 ○墓 九六財 壬壬 任地 歲劫 | 歲劫 年殺 義 杜宜 六九孫 丁丁 時支 蓬雀 月支 ○　　　　　胞　水 | 水 華 迫 景德 一四孫 庚庚 心陳 |
| 　　　　　　　土　73 29 | 　　　　　　　　56 45 | 胎養　　　　金　76 18 |

미국의 투자가이자 화장품업체 레블론의 회장인 로널드 페렐만의 사주다.

한눈에도 관인상생(官印相生)의 전형적인 엘리트에 좋은 사주이지만, 의외로 재(財)가 뜨지 않았다. 투자와 인수·합병의 재능은 역시 재물 자체보다도 인수(印綬)와 관(官)이 왕(旺)한 것이 중요한 모양이다. 하긴 보통 그 직업에서 중요한 효수(爻數)의 운에서 대발하는 것을 볼 수 있는데, 워런 버핏 같은 경우에도 처음으로 백만장자의 꿈을 이룬 것이 관을 끌어다 주는 인수운(印綬運)에서였다. 이로 보아 투자가는 관을 끌어다 주는 인수가 상당히 중요한 것을 알 수 있다.

페렐만의 사주엔 부자로서의 요소 외에 재밌는 것이 있다. 집안에 이혼수를 뜻하는 경문(驚門)이 있고 여자 자리에도 역시 말썽거리나 변동수를 뜻하는 금(金)이 엎어져 있는 데다 구멍까지 뚫리고, 바람기까지 타고 있어 끼가 많다.

실제 페렐만은 다섯 번 결혼하였다. 사주에 여자가 정식으로 나타나 있진 않은데, 아마도 여자를 만나는 시기에 들어오는 족족 결혼했을 것으로 짐작된다. 최근의 마지막 결혼 역시 여자궁에 들어서서 여자를 쫓는 손운(孫運)의 시기인 65~73세 때 이루어졌다. 이게 진짜 생애 마지막 결혼이 될지는 알 수 없는 것이 내년부터 또 여자를 만나는 운에 들어서서, 이때에도 새로운 여자를 만날 수 있기 때문이다. 다만, 지금 쫓는 여자가 더 진심인 여자이긴 하다. 끼가 많은 것과 이혼수, 여자궁의 변덕스러운 징조에 언제든 여자를 만날 수 있는 매력과 재력이 합쳐져서 다섯 번의 결혼으로 나타난 것이다.

# 로베르 루이드레퓌스

Robert Louis-Dreyfus
백혈병으로 숨진 재벌 집안의 사업가

## 奇門

陰曆: 1946年 5月 15日 戌時
陽曆: 1946年 6月 14日 戌時

| 1 | 6 | 1 | 3 | |
|---|---|---|---|---|
| 甲 | 己 | 甲 | 丙 | 二 |
| 戌 | 未 | 午 | 戌 | 一 |
| 時 | 日 | 令月 | 火年 | |
| 11 | 8 | 7 | 11 | |

九　下　芒　陽
局　元　種　通

로베르 루이드레퓌스
(Robert Louis Maurice
Louis-Dreyfu)

Born on  14 June 1946
　　　　at 19:30 (= 7:30 PM)
Place　Paris, France,
　　　　48n52, 2e20
Timezone　MET h1e
　　　(is standard time)

| 火 制生氣 八五財 壬壬 甫合 81 12 六儀擊刑 病 衷木 | 和傷體 三十財 戊戊 月英陳 56 43 死 伏吟格 | 金義驚命 十三 庚庚 天馬〈世〉 芮雀 52 3 土 伏歲劫 歲干 日亡 華 胞 |
|---|---|---|
| 月干制死德 年殺九四官 辛辛 沖陰 90 7 旺 木 | 貴 二一父 癸 73 13 土 戰局 | 義休害 五八兄 丙丙 柱地 65 28 胎 金 |
| 木義開宜 ○ 四九鬼 建 乙乙 帶 任蛇 60 土 37 | 歲馬日劫 日干義杜歸 ○ 浴 時干一二孫 己己 年殺蓬直 53 水 45 | 水華迫 時支六七孫 景魂 祿 丁丁 歲支心天 71 生養金 20 |

78　1부 세계의 부자들

로베르 루이드레퓌스는 다국적 농산물 중개업체인 루이드레퓌스 그룹을 창시한 레오폴드 루이드레퓌스의 손자다. 아디다스의 CEO를 역임하였으며, 프랑스 프로축구 클럽 '올랭피크 드 마르세유'의 구단주이기도 하였다.

중개업체 그룹의 손자답게 인아생손(印我生孫)의 전형적인 중개업 사주를 갖고 있으며, 농산물 사업 집안답게 토(土)가 상당히 왕(旺)하다. 출신회사인 루이드레퓌스에 합류한 시기는 2000년이며, 대부분의 활동을 루이드레퓌스 그룹 밖에서 하였다.

10대 때는 사춘기를 겪느라, 또 20대 때도 학업은 잘되지 않는 운이라 어린 시절과 젊은 시절에 방황깨나 했을 수 있다. 학업운은 29~37세 때 적극적으로 오며 직장운의 시기이기도 해서, 이때 하버드 경영대학원에서 공부하다가 관운(官運)의 마지막인 37세 때 미국의 제약 시장 조사 기업인 IMS 헬스에 입사하여 COO(최고운영책임자)를 거쳐 CEO가 되었다.

재밌는 것은 이때 들어간 회사의 모양새는 아주 좋으나 구멍이 뚫려 있다. 구멍이 뚫렸을 때 회사에 들어가게 되면 회사에 문제가 생기거나 바뀔 수 있는데, 루이드레퓌스는 이 회사의 매출을 20배 올린 뒤 결국 회사를 매각하였다. 매각한 시기가 재물운 때라 꽤나 짭짤하게 돈맛을 봤을 것으로 보인다.

처음 CEO를 맡았던 회사의 매출을 20배 성장시킨 시기가 왕한 재물운 때이고, 이후 광고대행사 CEO와 아디다스 CEO를 역임하며 회사를 성장시킨 시기도 천반(天盤) 재물운 때이다. 재다신약(財多身弱)으로 자신보다 재물이 턱없이 크기 때문인지, 자신의 회사를 설립해 경영하기보다는 다른 회사에서 전문 경영인으로 주로 일했음을 알 수 있다.

백혈병에 걸려 몇 년간 투병하다 죽었는데, 주목할 만한 점은 백혈병 발병 시기다. 57~60세 때의, 구멍 뚫린 관귀운(官鬼運)에서 백혈병이 발병하여 투병하였다. 관귀에게 얻어맞는 것이 질병으로 나타난 것이다. 또한 신약한 데다 자기 자신의 모양새나 격국(格局)이 흉하여, 이것도 건강하게 오래 살지 못하게 된 징조인 듯하다. 결국 61~65세 때 들어온 패란(悖亂)의 운에서 절명하였다.

# 실비오 베를루스코니

Silvio Berlusconi

섹스 스캔들로 유명한 이탈리아 전 총리

# 奇門

陰曆: 1936年 8月 14日 卯時
陽曆: 1936年 9月 29日 卯時

| 4 | 1 | 4 | 3 |
|---|---|---|---|
| 丁 | 甲 | 丁 | 丙 |
| 卯 | 寅 | 酉 | 子 |
| 時 | 日 | 令月 | 年 |
| 4 | 3 | 金 10 | 1 |

三九

一局　中元　秋分　陰遁

**실비오 베를루스코니**
(Silvio Berlusconi)

Born on 29 September 1936
at 05:40 (= 05:40 AM)
Place  Milan, Italy,
　　　 45n28, 9e12
Timezone  MET h1e
　　　 (is standard time)

| 火時干迫德祿帶建 | 月干開九三父 | 華戊丁 | 歲馬蓬直 75 25 木 | 制驚歸旺 | 四八父 | 庚己 | 日馬任天 90 15 火 | 金傷魂病衰 | 一一鬼 | 丙乙 | 沖地 84 20 土 |
|---|---|---|---|---|---|---|---|---|---|---|---|
| 歲干年殺浴 | 杜氣 十二兄 | 歲亡劫日 壬丙 | 時支心蛇 83 22 木 | 日干 | 三九財 冲局 | 天馬癸 | 66 34 土 | 歲亡日劫 義休宜死 | 六六官 | 丁辛 | 月支甫武 56 45 金 |
| 木 〈世〉 生害 ○ 生養 | 五七 | 辛庚 | 柱陰 50 土 7 | 迫死體貴 ○ 胎 | 二十孫 | 乙戊 | 歲支芮合 86 19 水 | 水華迫景命胞墓 | 七五孫 | 己壬 | 英虎 63 39 金 |

프로축구 클럽 AC 밀란의 구단주로 유명하며, 이탈리아의 전 총리이자 이탈리아 최고 갑부 베를루스코니의 사주다. 이와는 별개로 온갖 기상천외한 섹스 스캔들과 탈세로 유명세를 떨치기도 하였다.

자수성가한 부자답게 신왕재왕(身旺財旺)의 사주이며, 특징적인 것은 재물이 모두 관(官)을 향해 가고 있고, 이 관이 다시 비견겁(比肩劫)을 친다는 것이다. 만일 관이 나타나지 않았다면 정치를 하지 않고 사업가로서만 살았을 것인데, 이렇게 관으로 가게 된 것이 정치가가 된 원인으로 보인다. 또한 이렇게 관귀(官鬼)로 비견겁을 치는 것은 언론 분야에서 일하는 사람들에게서 자주 나타나는 사주다. 이러한 특징은 앞서 설명한 CNN 창시자 테드 터너의 사주에서도 발견된 바 있다. 더군다나 바탕이 금목충(金木冲)인 데다 수화충(水火冲)까지 이루어져, 두뇌회전이 빠르면서 상당한 창작력을 가지고 있었을 것이다.

만일 관이 없었다면 수화충도 일어나지 않았을 것이고, 언론계 재능인 관귀로 비견겁을 치는 일도 일어나지 않았을 것이다. 따라서 만일 그냥 식신생재로 끝나는 사주였다면 사업 초창기에 가든 시티를 지은 건설업으로 적당한 부를 이룬 평범한 재력가로 살았을 것이다. 그런데 이 재물이 관귀로 가서 일어난 작용으로 인해 정치적 입지를 탄탄히 다지게 되었다. 즉 이것이 언론계의 재능으로 나타나고, 그 뒤 미디어를 장악해 미디어 재벌로 흘러간 끝에 정치가가 될 수 있었던 것이다.

격렬하게 재극인(財尅印)을 한다는 것이 꽤 주목할 만하다. 이럴 경우 여자로 인한 명예훼손이 일어날 수 있기 때문이다. 재(財)와 관으로 귀결되는 이 사주로는 당연하게도 평생 집착하

는 것이 명예와 여자, 돈이다.

결혼은 여자를 끌어들이며 도화살(桃花殺)이 붙어 있는 전반기 관운(官運)과 후반기 관운 시기에 이루어졌을 것인데, 그는 두 시기 모두 결혼에 성공하였다. 미성년자 섹스 스캔들이 났던 시기도 흥미롭다. 천반(天盤)의 여자 만나는 운에서, 재극인을 할 때였다. 이때에 아내와 이혼도 하였다. 아마도 천반의 여자운인 67~75세 때 새삼스럽게 여자에 눈이 뒤집혔을 것이고, 그로 인해 결국 명예훼손이 일어났다. 재극인을 하는 사람이 여자를 만나게 되면 여자로 인해 희생하거나 손해 보는 것이 생길 수 있는데, 베를루스코니의 경우에는 명예의 실추와 총리직을 내놓는 것으로 그 대가를 치렀다.

현재 시기인 76~83세 때의 운도 재밌는데, 손운(孫運)이다. 씨를 뿌리는 시기이기 때문에 독립적인 사업을 하거나 혹은 자식을 가질 수 있는데, 실제로 이 시기에 자식을 보았다.

재극인의 요소로 인해 그는 재물로 인한 관재수(官災數)를 꽤 많이 겪은 것으로 보인다. 재물이 중앙에 나타나 있을 경우 재물을 감추기 힘들 것 같은데, 베를루스코니는 돈을 세탁해 세금을 줄이는 데 있어 아주 천부적인 기질을 발휘했다고 한다. 이것은 아마도 재극인의 재능인 듯하다. 재무관리를 하는 사람들 중에서 재극인을 하는 사람을 꽤 여럿 볼 수 있다. 재물로 관을 생하는 것이, 오히려 관이라는 권력을 이용해 재물을 감추는 것으로 역이용되었음도 볼 수 있다.

성격 자체는 대단히 급하고 화끈하고 고집스러우며, 아주 호탕한 호남아다. 변덕스러우면서도 급해서 꽤나 안 좋은 성격으로 보이며, 무슨 꿍꿍이속인지 도무지 알 수 없는 인물이다. 기본적으로는 매우 외향적이면서, 우선 지르고 보는 면이 있어서 좋게 말하면 행동력이 매우 강하다. 일단 행하기 시작한 일은 끝장을 볼 때까지 멈추지 않는다.

　금수(金水)가 왕한데, 이것은 음악적 재능으로도 나타난다. 실제로 베를루스코니는 취미로 음악을 하며, 직접 작사·작곡한 앨범도 여러 장 냈다.

# 2부
# 세계의 유명 디자이너들

# 가브리엘 "코코" 샤넬

## Gabrielle "Coco" Chanel
### 현대 여성복의 시초

## 奇 門

陰曆: 1883年 7月 17日 申時
陽曆: 1883年 8月 19日 申時

| 1 | 2 | 7 | 10 | |
|---|---|---|---|---|
| 甲 | 乙 | 庚 | 癸 | 二 |
| 申 | 未 | 申 | 未 | 七 |
| 時 | 日 | 令月 | 年 | |
| 9 | 8 | 9 | 8 | |

一局　上元　處暑　陰遁

가브리엘 샤넬
(Gabrielle Bonheur Chanel)

Born on   19 August 1883
          at 16:00 (= 4:00 PM)
Place    Saumur, France,
         47n16, 0w05
Timezone  LMT m0w05
          (is local mean time)

| 火 制死魂貴 ○ 八一 生養 丁丁 孫 甫地 木 81 12 | 景宜 浴 三六 孫 己己 英武 火 56 37 | 金華 <世> 制休德 建帶 歲劫 日劫 土 十九 乙乙 芮虎 52 9 |
|---|---|---|
| 制生命 九十 父 胎木 丙丙 冲天 木 90 11 | 歲干 和局 天馬 二七 鬼 癸 土 伏歲馬 伏日馬 73 19 | 驚歸 旺 五四 兄 辛辛 柱合 金 65 26 |
| 木 時干 月干 義開體 墓 六儀擊刑 四五 胞 庚庚 墓土 任直 60 31 | 年殺 義杜害 祿 一八 財 死 戊戊 蓬蛇 水 53 45 | 水 制傷氣 病 六三 財 衰 壬壬 心陰 金 71 22 歲亡 日七 |

코코 샤넬의 사주에서 특징적인 것은, 사지가 모두 문괘(門卦)가 좋아 극단적으로 귀인격(貴人格)의 풍모를 갖고 있다는 것이다. 그것도 휴문복덕(休門福德)이라는, 귀공녀로서 최고봉의 문괘를 가지고 있다. 이것이 그녀가 디자인한 옷들이 결국 전 세계 귀공녀들이 입는 엄청난 고급 브랜드가 되는 것으로 승화된 듯하다.

관귀(官鬼)가 극단적으로 왕(旺)해서 관귀에게 얻어맞고 있다. 이렇듯 관귀에게 얻어맞는 것은 디자이너에게 아주 흔하게 발견되는 사주로, 이것이 아마도 창작자로서의 재능인 듯하다. 더군다나 사지 모두 재능을 뜻하는 을(乙)이 매우 많이 떠서 그 재능을 발휘하고 있다. 재능적으로 다들 천재라 알고 있지만, 사주로 보았을 때도 매우 극단적인 천재라 할 수 있다. 재능을 뜻하는 을병정(乙丙丁) 중에서 가장 품위가 있는 을기(乙己)만을 수두룩 빽빽하게 가지고 있는 것도 재미있다. 여러모로 아주 극단적으로 품위를 추구했음을 볼 수 있다. 본인은 실용성을 추구했다지만, 그것은 아마 품위와 세련미를 전제조건으로 깐 다음의 이야기였을 것이다. 결국 그녀의 옷은 가장 최상급의 품위를 상징하는 제품이 되었다.

흥미롭게도 이렇게 관귀가 왕하고 사지화살(四支化殺)이 되는 것 등의 특징은 화류계 여자에게서도 자주 나타난다. 실제 샤넬은 술집에서 가수로 잠시 일했었다. 재능을 발휘할 운은 매우 타고났기 때문에 결국 이 운을 십분 발휘해 전설적인 디자이너가 됐는데, 만일 몇 백 년 전에 태어났다면 잘나가는 춘희로 살다가 신분 높은 남자를 잡아 그 뛰어난 재능을 발휘하는, 퐁파두르 후작부인(프랑스 루이 15세의 정부) 같은 삶을 살았을 수

가 있다(퐁파두르 후작부인은 화류계 여인은 아니었으며, 어머니가 고급 창부였다고 알려져 있다).

사주에 남자가 너무 많은 관계로 소싯적부터 나이 들어서까지, 그냥 가만히 있어도 남자가 꼬이는 타입이었을 것이다. 특히 후반기에 오는 남자는 관인상생(官印相生)까지 되어, 나이 들어서 오히려 더더욱 자신을 사랑해 주는 남자를 만날 수 있다. 그녀의 인생 중 가장 논란이 되는 독일 장교와의 연애는 환갑 전후의 일이었던 것으로 보아, 사주에서 보이듯 나이가 들어서까지도 남자를 끄는 매력이 있었던 것 같다.

디자이너로서의 재능은 대단히 뛰어나나 손(孫)도, 인수(印綬)도 없어서 경영 능력 자체는 단점도 많았을 것으로 보인다. 특히 손이 없는 것이 꽤나 치명적인데, 실제 그녀는 디자이너로서의 재능으로 큰 대박을 쳐서 약 4천여 명의 직원을 거느린 대기업을 일으켰지만, 노동 인권을 존중하지 않아서 문제가 되었다. 결국 노동자들의 파업투쟁으로 사업을 접어야 했다.

관(官)이 왕(旺)한 특성상 사랑에 한 번 빠지면 대단히 열정적이었을 텐데, 이러한 맥락에서 독일 장교와 사랑에 빠져 나치 스파이 노릇을 했을 수가 있다. 당시로서는 딱히 계산적인 것은 아니었을 수도 있다. 다만, 사지화살의 특성상 더러운 꼴 보며 거칠게 살기는 싫고 화려하게 품위를 유지하며 살고 싶었을 것이다. 그래서 그런 속물적인 선택을 했을 가능성도 있다. 부모나 국가 등에 대한 은혜나 의무감도 없었을 것으로 생각된다.

아마도 이러한 면은 사주와는 별개로 자라온 환경 때문일 것도 같다. 양부모 밑에서 자라온 스티브 잡스도 꽤나 인색하고 인격적으로는 비판점이 많은 인물로 알려져 있다. 샤넬 역시 부모에게 버림받고 고아원에서 자란 환경 특성상 자신의 생존이 우선이고, 인격적으로는 다소 인색했을 가능성이 많을 것 같다. 더군다나 그나마 인수가 왕하여 관인상생이 되는 잡스와는 달리, 샤넬은 관귀에 얻어맞는 사주라서 성장기가 꽤나 가혹했을 수 있다.

왕한 금(金)으로서 원래는 공명정대한 의리파인데, 그것이 국가에 대한 의리가 아닌 자신이 사랑하는 남자에 대한 의리로만 나타났다. 하지만 어떤 일이든 절대 극단적으로 가지 않는다는 사지화살의 귀인격에 화국(和局)이므로, 이러한 나치 활동에도 불구하고 그 대가를 치르지 않고 결국 복귀해 다시 디자이너로 활동할 수 있었다.

시기적으로 13~19세 때의 어린 시절이 관귀운(官鬼運)으로 매우 힘들었는데, 실제 이 시기에 어머니가 사망하고 아버지에게 버림받아 고아원 등을 전전하며 힘든 생활을 하였다. 관귀운이므로 이때부터 남자에게 인기와 유혹이 대단히 많았을 것이며, 결국 이러한 남자의 도움으로 고아원을 나온 것으로 알려져 있다.

처음으로 모자가게를 내서 대성공을 한 시기가 주목할 만하다. 27~31세 때의 인수운(印綬運)으로, 보통 많이들 성공하는 시기인 인수운에 모자가게 1, 2호점을 런칭하여 대박을 터뜨렸다. 인수운은 또한 여자로서는 남자에게 사랑이든 물질이든 가장 많이 받을 수 있는 시기이기도 하다.

재밌는 것은, 모자가게가 대박난 후 샤넬은 남자로부터 받은 사업 자금을 모두 돌려주었다는 사실이다. 만일 원래 사주에서 관인상생이었으면 그렇게까지는 하지 않았을 것이다. 하지만 이

가브리엘 "코코" 샤넬

렇게 관귀로부터 관인상생을 받는 사주가 아니라 관귀에게 얻어맞는 사주인 경우, 받기만 하다가는 관귀에게 구속과 억압을 당할 수 있으므로 자유롭기 위해선 돈을 돌려주는 것이 나을 수 있다.

32~37세 때는 씨를 뿌리는 시기로, 이때에 상당히 적극적으로 사업 확장을 했을 것으로 보인다. 38~45세 때의 재물운으로 돈도 엄청나게 벌었을 것이며, 특히 46~52세의 관인상생이 되는 천반(天盤)의 인수운 때 모든 재능을 발휘하며 폭발적으로 성공했을 것이다.

그런데 57~60세의 비견겁운(比肩劫運)의 징조가 좋지 않다. 이때 말썽이나 다툼, 싸움을 의미하는 전격(戰格)이 있는데, 이때에 노동자들의 파업이 일어났던 것으로 알려져 있다. 한편으로는 삼살(三殺)로 관을 끌어 먹고 있기 때문인지, 이때에 그 문제의 독일 장교를 만나 사랑에 빠졌다.

패션계로 다시 복귀한 시기는 관운(官運)이다. 결국 이 사주에서 가장 중요한 것은 관운임을 짐작해 볼 수 있다. 또한 노동자들의 파업, 독일 장교와의 사랑과 그로 인한 스파이 활동, 사망 등이 모두 금의 비견겁운에서 일어났음을 볼 수 있다. 아마도 왕한 금이 다시 금을 만날 경우 상당히 흉하거나, 디자이너에게는 비견겁운이 썩 좋지 않은 게 아닌가 하는 생각을 해볼 수 있다. 후자보다는 전자, 즉 지나치게 태왕(太旺)한 금이 또다시 금을 만날 경우 흉한 일이 일어날 수 있다는 것이 가능성이 크지 않을까 한다.

그런데 나중에 설명할 마릴린 먼로 역시 왕한 금인데, 세계적인 스타로 발돋움한 때가 왕한 금을 만났을 시기다. 연예인 같은 경우는 금이 이름을 날리는 것, 명성을 뜻하기도 한다. 또한 먼로 같은 경우도 이때 만난 남편(조 디마지오)에게 폭력을 당했다고 하니, 왕한 금이 다시 왕한 금을 만났을 때는 명성을 얻기엔 유리해도 사나운 사건이 있을 수 있다는 가설을 세워 볼 수 있다.

샤넬은 만나는 남자들마다 파산하거나 요절하는 것으로 유명해서 관을 깨먹지 않을까 했는데, 의외로 관이 대단히 왕하다. 다만, 관에 천마(天馬)가 붙어 있어 종종 곧 하늘나라로 갈 남자를 만난 게 아닌가 한다. 이럴 경우엔 외국에 자주 드나들 일이 많은 남자를 만나는 것이 좋다.

사지의 문패가 이렇게 모두 극단적으로 아름답고 품위가 높은 사주는 매우 드물다. 거기에 관귀도 매우 극단적으로 왕하여, 사주 흐름 자체는 돌아가지 않고 관귀에게 얻어맞고 있다. 사주 자체만으로도 상당히 독특하고 연구해 볼 만한 사주라고 할 수 있다. 무엇보다도 재능의 정도인데, 그녀는 그 행적이 어떻든 간에 의심할 여지없이 역사에 길이 남을 패션계 최고의 천재다. 그 극단적인 재능의 면모만큼은 굉장히 뚜렷하게 나타나 있는 사주라고 볼 수 있다.

# 조르지오 아르마니

## Giorgio Armani
### 슈트 패션의 선구자

## 奇門

陰曆: 1934年 5月 30日 辰時
陽曆: 1934年 7月 11日 辰時

| 3 | 10 | 8 | 1 |
|---|---|---|---|
| 丙 | 癸 | 辛 | 甲 |
| 辰 | 未 | 未 | 戌 |
| 時 | 日 | 令月 | 火年 |
| 5 | 8 | 8 | 11 |

四五

조르지오 아르마니
(Giorgio Armani)

Born on  11 July 1934
         at 07:20 (= 07:20 AM)
Place  Piacenza, Italy,
       45n01, 9e40
Timezone   MET h1e
       (is standard time)

八局  上元  小暑  陰遁

| 火 制生歸 十四財 丁壬 89 9 衰旺 木 | 時支芮武 | 迫休德 五九財 己乙 建 55 44 火 | 柱虎 | 歲馬日劫 和景宜 二二 庚丁 ○浴 帶 47 2 土 | 月支心合 |
|---|---|---|---|---|---|
| 日干制死體 病 年殺 一三父 乙癸 木 | 日亡 英地 90 5 | 月干 和局 天馬 四五孫 辛 80 14 土 |  | 歲干制傷魂 ○ 七七兄 生金 丙己 68 27 | 悖亂格 火入金鄕格 蓬陰 |
| 木死迫杜命貴 墓 六八父 壬戊 土 | 甫天 61 35 | 時干和開氣 祿 年殺 三一官 癸丙 胞水 50 45 | 沖直 | 水華歲劫 驚害 八六鬼 胎 戊庚 養金 76 20 | 歲支任蛇 |

조르지오 아르마니는 관귀(官鬼)가 매우 왕(旺)해서 얻어맞고 있는데, 앞서 샤넬의 사주에서도 이러한 형상을 볼 수 있다. 일반적으론 왕한 관귀에게 얻어맞는 것은 사업가로서 좋은 사주로 보기 힘든데, 아마도 디자인이라는 창작의 영역에서 이루어지는 사업의 경우 이것이 재능으로도 발휘되는 모양이다. 또한 이로 인해 물(水)과 불(火)이 부딪히는 수화충(水火冲)이 되는데, 수화충은 예술가에게서 가장 흔하게 발견되는 중요한 창작적 재능이다.

또 샤넬의 사주에서 불이 쌍으로 동(動)해 있듯이, 조르지오 아르마니 역시 불이 쌍으로 동해 있다. 필자가 아는 꽤나 잘나가는 패션 디자이너 두 명도 불이 중앙에 왕하게 동해 있다. 아마도 패션 디자이너는 불이 왕한 게 좋을 것이라는 가설을 세워 볼 수 있다. 기문학에서는 의류를 불의 성질로 보기 때문에 충분히 타당성 있는 이야기다.

이것은 베르사체의 사주를 보면서도 들었던 생각이다. 뒤에서 자세히 설명하겠지만 베르사체 삼남매는 모두 불이 왕하면서, 왕한 관귀에게 얻어맞는 형상이다. 한 집안의 삼남매 디자이너가 모두 그렇다면, 이것은 재능 있는 패션 디자이너가 지닌 특징이 아닐까 하는 생각을 해본다.

물론 이 특징을 가져야만 패션 디자이너가 되는 것은 아니다. 다른 종류의 특징으로 성공한 디자이너도 있다. 이후에 설명할 지방시와 발렌시아가는 다른 종류의 특징을 가지고서도 세계적으로 유명한 디자이너 명단에 이름을 올렸다.

샤넬은 사주상으로 극도로 품위와 세련미를 추구한 데 비해, 아르마니는 화려함이 나타나 있다는 점이 재미있다. 실제 디자

인적으로 샤넬은 실용성을 강조하였고, 아르마니는 절제된 우아함을 강조하는 디자인을 즐겨 하였다. 하지만 샤넬의 중심은 품위에 있고, 아르마니는 아름다움에 있지 않을까 하는 생각을 해본다.

손(孫)이 왕하여 기술자로서의 재능도 꽤나 뛰어났을 것으로 생각되며, 재능 있는 아랫사람을 알아보고 키우는 능력도 상당했을 것이다. 끼가 많아서 연예계나 방송계를 이용하는 것이 큰 효과를 볼 수 있고, 그것이 체질에 맞는다.

후반기 운에서 특히 좋은 시기는 48~50세 때로, 이 시기에 1980년대를 대표하는 브랜드로 자리 잡게 되었다. 이후의 운도 관운(官運)으로 명성을 날리기 좋다. 샤넬이 관귀운(官鬼運)에 패션계로 복귀한 것을 생각해 보면, 명품 패션계의 사업은 관귀운도 나쁘지 않은 모양이다. 이후 69~76세 때의 운도 인수운(印綬運)으로 상당히 좋으나, 구설수는 다소 있을 수 있다.

# 베르사체 삼남매

Gianni, Donatella, Santo Versace
지아니, 도나텔라, 산토 베르사체

# 奇門

陰曆: 1946年 11月 9日 卯時
陽曆: 1946年 12月 2日 卯時

| 6 | 7 | 6 | 3 | 四 |
|---|---|---|---|---|
| 己 | 庚 | 己 | 丙 | 二 |
| 卯 | 戌 | 亥 | 戌 | |
| 時 | 日 | 令月 | 年 | |
| 4 | 11 | 水 12 | 11 | |

|  | 四局 | 上元 | 大雪 | 陰遁 |
|---|---|---|---|---|

지아니 베르사체
(Gianni Versace)

Born on   2 December 1946
       at 06:00 (= 06:00 AM)
Place   Reggio di Calabria, Italy,
       38n06, 15e39
Timezone   MET h1e
       (is standard time)

| 火 和 休 宜 浴 | 十六父 帶 | 戊戊 | 歲劫日劫 甫天 木 66 43 | 天馬 制開 魂 | 五一父 | 壬壬 火 77 25 | 金 迫杜 歸 胎 | 二四鬼 養 | 庚庚 | 芮武 土 69 32 |
| 時干義害 ○建 | 月干景 | 年殺 一五財 | 時支沖直 己己 木 67 37 | 伏吟格 戰局 | 四二孫 | 乙 土 57 45 | 和生德 祿 | 七九官 胞 | 丁丁 | 柱虎 金 90 17 |
| 木 迫傷氣 ○旺 | 六十財 衰 | 癸癸 土 | 任蛇 83 24 | 和驚命 病 | 三三兄 | 辛辛 水 72 28 | 水 <世> 和死體 死墓 | 歲干 八八 | 月支 丙丙 金 | 歲支心合 53 8 |

# 奇門

陰曆: 1955年 閏3月 11日 卯時
陽曆: 1955年 5月 2日 卯時

| 2 | 10 | 7 | 2 |
|---|---|---|---|
| 乙 | 癸 | 庚 | 乙 |
| 卯 | 亥 | 辰 | 未 |
| 時 | 日 | 令 | 年 |
|   |   | 月 | 木 |
| 4 | 12 | 5 | 8 |

도나텔라 베르사체
(Donatella Versace)

Born on   2 May 1955
       at 05:00 (= 05:00 AM)
Place   Reggio di Calabria, Italy,
          38n06, 15e39
Timezone   MET h1e
          (is standard time)

| 八局 | 下元 | 穀雨 | 陽遁帶 | | | | | 金 | 華 | | |
|---|---|---|---|---|---|---|---|---|---|---|---|
| 火 | 日干和休宜 | 九六父 | 庚癸浴木 | 月支蓬雀 64 43 | 義生魂祿 生 | 四一父 | 戊己 79 25 | 任地 火 | 死歸 胎 | 一四鬼 養 | 歲支沖天 壬辛 73 32 土 |
| | 天馬 義景害 | 十五財 建木 | 時支心陳 丙壬 72 37 | | 貴 刑破局 | 三二孫 | 丁 55 45 土 | 時干 開德 | 歲干 六九官 胞 金 | 癸乙 | 歲劫日劫 甫直 90 17 |
| 木 義驚氣 ○ | 五十財 旺 | 乙戊 衰土 | 柱合 84 24 | 月干 義傷命 ○ | 二三兄 病 | 年殺 辛庚 水 | 芮陰 75 28 | 水 制體 死墓 | 杜七八 | <世> 己丙 金 | 英蛇 52 8 |

베르사체 삼남매  103

## 奇門

陰曆: 1944年 11月 20日 子時
陽曆: 1945年 1月 3日 子時

| 7 | 9 | 3 | 1 | |
|---|---|---|---|---|
| 庚 | 壬 | 丙 | 甲 | 二 |
| 子 | 申 | 子 | 申 | 二 |
| 時 | 日 | 令月 | 水年 | |
| 1 | 9 | 1 | 9 | |

七局　中元　冬至　陽遁

> 산토 베르사체
> (Santo Versace)
>
> Born on  2 January 1945
>          at 23:30 (= 11:30 PM)
> Place   Reggio di Calabria, Italy,
>         38n06, 15e39
> Timezone   MET h1e
>         (is standard time)

| 火 死 制宜 祿 | 墓華 乙丁 八六孫 心天 81 15 木 | 歲亡日 制害 戊癸 九五父 柱地 90 9 木 | 時干和 六儀擊刑 辛庚 三一孫 傷魂 病 | 蓬直 56 42 火 | 金〈世〉 義 六儀擊刑 旺 己壬 十四 驚歸 | 日干 歲支 任蛇 52 4 衰 土 |
|---|---|---|---|---|---|---|
| 制死害 六儀擊刑 胞 | 戊癸 九五父 柱地 90 9 木 | 月干和局 | 二二鬼 丙 73 17 土 | 年殺 義休德 建 | 癸戊 五九兄 沖陰 65 34 金 | |
| 木 義開氣 胎 | 壬己 四十父 芮雀 60 41 土 | 天馬 義杜命 | 歲馬 月支 時支 一三財 庚辛 英陳 53 45 生 水 | 水 迫 ○貴 | 六八財 景體 丁乙 浴 71 25 帶 金 | 甫合 |

이탈리아 명품 브랜드를 이끄는 베르사체 삼남매의 사주다.

재밌는 건 지아니 베르사체의 사주와 도나텔라 베르사체의 사주가 지닌 공통점이다. 아무리 남매라지만 꽤나 많이 닮아 있어서, 지아니와 도나텔라는 영혼의 단짝이었을 것이다. 실제로 도나텔라 베르사체는 지아니 베르사체의 뮤즈로, 지아니 베르사체에게 무한한 영향을 끼쳤다. 지아니 베르사체는 사주에서 형제와 가족을 함께 끼고 있어서, 셋이 함께 일을 하게 된 것으로 나타났다.

삼남매 중 맏이인 산토 베르사체는 중궁(中宮)의 매우 왕(旺)한 불(火)의 관귀(官鬼)에게 얻어맞는 사주로, 그 흐름만 놓고 보면 샤넬과도 다소 비슷한 양상이다. 물론 샤넬 정도의 디자인적인 천재는 아니지만, 사주 흐름만 놓고 본다면 디자이너로서도 충분한 감각을 갖고 있다. 특히 언론 등을 이용하거나 홍보하는 능력은 산토 베르사체가 뛰어나지 않았을까 한다.

재능 자체가 가장 뛰어난 인물은 지아니 베르사체다. 재능을 뜻하는 병기(丙奇)뿐만 아니라 패란(悖亂)도 가지고 있다. 패란은 짐작해 보건대 디자이너로서의 재능 중 하나다.

성격이 가장 제멋대로이고 겉모습이 튀면서 세련된 인물은 도나텔라 베르사체다. 이러한 남매간의 특징이 '베르사체 삼두정치'로 승화되었다.

옷을 보는 감각은 셋 다 뛰어났을 것인데, 이와 별도로 개인적인 재능도 따로 지녔다. 아마도 어느 선을 넘어선 재능, 한 시대의 흐름을 타파하여 새로운 흐름을 개척할 정도의 재능을 지닌 인물은 지아니 베르사체다. 겉보기의 세련됨을 판단하는 능력은 도나텔라 베르사체가 뛰어났을 것이며, 주목받고 유명해

지는 포인트를 잘 아는 인물은 산토 베르사체였을 것이다.

도나텔라 베르사체의 경우는 끼가 아주 많고 사회생활 모습이 화려해서, 연예인 기질이 많다. 사교성이나 방송계 기질은 산토 베르사체도 많다. 특히 산토 베르사체는 코코 샤넬처럼 후반기 운을 끌어 먹고 있고 지아니 베르사체의 후반기 운에선 형제가 자신의 후반기 운을 끌어 먹고 있어서, 1990년대 이후로는 실경영에서 산토 베르사체의 역할이 꽤 컸을 가능성이 크다. 물론 지아니가 1997년도에 사망하는 바람에 그 뒤로는 어쩔 수 없이 산토가 경영 전반에 나서야 했지만 말이다.

다시 정리해 보면 1990년대 이후의 실경영 능력과 언론 장악 및 홍보와 재정관리 능력은 산토 베르사체가 뛰어나고, 세련미와 현실적인 히트 상품을 내놓는 능력은 도나텔라 베르사체가 뛰어나다. 한 시대의 흐름을 바꿀, 어느 선을 넘어선 혁신적인 아이디어는 지아니 베르사체가 가지고 있다. 지아니 베르사체는 패란격을 가지고 있어서 기존의 질서를 무너뜨리고 새로운 흐름을 만드는 재능이 있으며, 그것을 스스로도 추구하였다.

"나는 규칙과 경계를 무너뜨리기 위해 노력하는 것이 디자이너의 의무라고 생각한다(I thing it's the responsibility of a designer to try to break rules and barriers)."

지아니 베르사체가 생전에 남긴 말이다. 규칙과 경계를 무너뜨리는 것(break rules and barriers), 이것이 바로 패란이 아니고 무엇이겠는가?

그럼, 디자이너로서의 능력과는 별개로 개인사로 들어가서 해단을 해보자.

지아니 베르사체는 그 충격적인 죽음으로도 유명하다. 디자이너로서 아직 한창때였던 만 50세에 집 앞에서 피살당한 것이다. 범인은 앤드류 커내넌이라는 연쇄살인마로, 베르사체를 비롯해 총 다섯 명을 살해하였다. 지아니를 살해한 동기는 밝혀지지 않았는데, 범인이 잡히기 전에 스스로 목숨을 끊는 바람에 영원한 미스터리로 남게 되었다.

사람들은 범인이 베르사체의 전 연인이었는데 그에게 다른 연인이 생겨서라는 둥, 정신이상 때문이라는 둥, 유명세를 위해서라는 둥, 에이즈에 걸린 것을 비관해서라는 둥 여러 가지 설들을 제시하였다. 하지만 어느 설이 진실인지는 그 누구도 알 수 없다. 이 앤드류 커내넌이라는 연쇄살인마의 사주는 제2권에서 이야기하도록 하겠다.

죽은 당시의 대운(大運)을 보면, 지아니는 천반(天盤)의 비견겁운(比肩劫運 : 46~53세)에 죽었다. 이 자리에 다양하게 불길한 징조가 있는 것을 볼 수 있다. 일단 패란격을 가진 사람이 패란운(悖亂運)에 들어가는 시기이고, 죽음을 뜻하는 사(死)와 묘(墓)의 궁에 들었다. 문(門)도 사문(死門)에 괘도 절체(絕體)로 좋지 않다. 특히 일지궁(日支宮)이 사문에 들면, 해당 궁의 천반운에서 남편이나 아내 등 가족 중 누군가의 이른 죽음을 볼 수도 있는데, 지아니의 경우 본인의 죽음으로 나타났다. 또한 동성애자의 경우 비견겁과 관련이 있는 경우가 종종 있는데, 천반의 비견겁운에 사건이 일어났다.

생전에 지아니 베르사체는 도나텔라 베르사체를 아주 끔찍이 생각하였다. 둘 사이는 아주 좋았다고 한다. 도나텔라는 지아니

의 영감의 원천이었으며, 동성애자인 그에게 여동생은 유일한 여신이고 뮤즈이자 가장 좋은 비평가였다. 메두사를 차용한 베르사체의 로고가 어딘지 도나텔라를 닮은 것을 보면, 그들은 영혼의 쌍둥이였던 모양이다. 모든 가족에게 그의 죽음은 큰 충격이었겠지만, 아마도 도나텔라의 충격이 가장 컸을 것이다.

도나텔라 베르사체가 해당 사건을 겪었을 때를 보면, 형제를 뜻하는 월지(月支)에 경가계(庚加癸) 대격(大格)이 들었다. 빌 게이츠의 경우처럼 승화될 수도 있지만, 이것 자체는 분명한 흉격(凶格)이다.

하지만 강인하고 독립적인 사주의 도나텔라는 이 아픔에 주저앉지 않고, 오빠의 유지를 받들어 디자이너로서 지아니의 빈자리를 훌륭하게 메우며 베르사체를 이끌었다. 경영자로서의 빈자리는 산토가, 디자이너로서의 빈자리는 도나텔라가 이끌었는데, 재밌는 것은 사건 이후의 운이다. 산토는 회사 등 무언가를 물려받기 좋은 인수운(印綬運)이고, 도나텔라는 디자이너로서 물건들을 창조해 내기 좋은 손운(孫運)이다.

그런데 이후 도나텔라는 성형 중독에 빠져 원래의 잘생기고 개성 있던 외모를 잃어 갔다. 사주를 보면 금의 관귀로 금목충(金木冲)을 당하는 것을 볼 수 있는데, 금으로 얻어맞을 경우 문신 혹은 수술 중독이 올 수 있다. 거기다 관귀에 가족을 뜻하는 것과 죽음을 뜻하는 것이 나타나 있고 그것이 자신을 치고 있는 것을 보면, 영혼의 쌍둥이였던 지아니의 죽음의 여파로 성형 중독이 왔을 수가 있다.

가장 다이내믹한 성격의 도나텔라와 패란의 혁명가 기질을 갖고 있는 지아니와는 달리, 산토는 예민하지만 평화로운 성격을 가지고 있으며 후반기 운에서 모든 기를 끌어 먹고 있다. 산토는 평화주의자로서 가장 덜 튀는 성격 때문인지 삼남매 중 어찌 보면 가장 덜 유명하지만, 셋의 관계에서 그는 중요한 역할을 하였다. 아마도 이들을 가장 평화로운 포용력과 안정적인 안목을 가지고 감싸는 것이 맏이인 산토의 역할이 아니었을까 싶다.

다음에 소개하는 디자이너들의 사주는 이제껏 봤던 인물들과는 양상이 다소 다르다. 디자이너이인 동시에 영리한 사업가 기질을 갖춘 엘리트 모범생형이 지금부터 살펴볼 디자이너들이라고 할 수 있을 것이다.

# 위베르 드 지방시

Hubert de Givenchy

오드리 헵번이 선택한 디자이너

# 奇門

陰曆: 1927年 1月 19日 午時
陽曆: 1927年 2月 20日 午時

| 9 | 2 | 9 | 4 |
|---|---|---|---|
| 壬 | 乙 | 壬 | 丁 |
| 午 | 酉 | 寅 | 卯 |
| 時 | 日 | 令月 | 年 |
|   |   | 木 |   |
| 7 | 10 | 3 | 4 |

六 中 雨 陽
局 元 水 遁

위베르 드 지방시
(Hubert James Marcel Taffin de Givenchy)

Born on   20 February 1927
        at 11:30 (= 11:30 AM)
Place    Beauvais, France,
         48n32, 2e03
Timezone   GMT h0e
         (is standard time)

| 火 太白入熒格 | | 年殺 | 時支沖陳 | 金 | 華 |
|---|---|---|---|---|---|
| 義 景害 | 庚丙 二十財 | 義死命 七五財 ○死 | 丁辛 82 12 火 | 生體祿 四八兄 ○墓 | 甫雀 丙癸 70 27 土 |
| | 任合 63 37 木 | | | | |
| | 病 | | | 胞 | |
| 歲干和休宜貴 | 歲劫亡日 三九鬼 | 歲支蓬陰 壬丁 66 36 木 | 日干 日馬 六六父 沖局 61 43 | 〈世〉 制杜氣 九三 | 歲亡日劫 辛己 英地 54 3 金 |
| | | 旺 | | 胎 | |
| 木 華 迫 傷德 建 | 月支心蛇 戊庚 八四官帶 90 7 土 | 月干時干和驚魂浴 五七孫 | 天馬 年殺 柱直 己壬 75 19 水 | 水 開歸 十二孫 生養 | 歲馬 芮天 癸戊 55 45 金 |

위베르 드 지방시는 관귀(官鬼)가 매우 왕(旺)하고, 앞서 소개한 디자이너들과는 달리 불(火) 대신 물(水)이 왕한 사주를 지녔다.

무엇보다도 눈에 확연히 보이는 재생관인상생(財生官印相生), 즉 앞서의 다른 사업가들에게서도 종종 보이는 재물을 끌어들이는 양상의 사주를 갖고 있다. 아마도 지방시는 앞서의 디자이너들보다 훨씬 여우 같고 사업가다운 면모를 갖추고 있었을 것이다.

또한 아주 전형적인 엘리트 사주인데, 실제 지방시는 이름에서도 알 수 있듯이(Hubert de Givenchy, 이름과 성 사이에 '드'가 있으면 귀족일 경우가 많다) 프랑스 귀족 출신에 엘리트 코스를 밟은, 뼛속까지 엘리트다.

그의 옷들은 모든 대중을 위한 옷이라기보다는 상위 1퍼센트를 대상으로 하는 옷이었다. 다만, 관(官)이 왕하여 유명세를 얻는 것을 매우 좋아하고 스스로 유명해지기를 원하였다. 따라서 그는 입기는 상위 1퍼센트만 입더라도 알기는 100퍼센트 모든 사람들이 다 원하고 아는 옷을 추구하였다. 그런 맥락에서 오드리 헵번과의 제휴가 이루어진 듯하다.

재밌는 것은 20~27세 때의 운이다. 이때는 모양새가 아주 아름다운 비견겁운(比肩劫運)이다. 동료, 친구, 동업자 등을 뜻하기도 하는 이 비견겁에 귀인(貴人)이 있어 인기가 많고 모양새가 예쁜데, 이때에 오드리 헵번과의 공생관계로 유명해졌다. 재능을 뜻하는 효수(爻數)가 이 비견겁에게 붙어 있어서, 비견겁을 통할 때에 원래보다도 더욱 천재적인 재능이 나왔을 것이라 생각된다. 그야말로 오드리 헵번은 영감의 원천, 말 그대로 뮤

즈인 것이다.

이후 28~36세 때는 상류층을 대상으로 작업들을 진행하면서도, 디자이너로서 유명해지기 좋은 시기다. 이후 40대 중반까지도 나날이 발전시키기 좋다.

힘든 운은 46세 이후에 찾아오지만, 후반기 운에서도 55~61세 때엔 좋은 편이다. 아마도 46~54세의 관운 때 고생을 겪고, 후반기의 인수운(印綬運)에 계열사를 매각하지 않았을까 한다. 다만, 디자이너에게 있어서 관운은 다른 사업과는 달리 고생만 하는 시기로 보지는 않는다. 하지만 매우 약한 나무가 금 바닥에서 다시 금을 만나는 격이라 힘들긴 했을 것이다.

전반기의 인수운 때는 발전하고 커진 반면, 후반기의 비견겁에게 가는 인수운 때는 계열사를 매각한 것이 재미있다. 인수운 때에 매각한 것으로 보아선 매각으로 인한 이득은 톡톡히 보았을 듯하다.

극도로 신약(身弱)한 특성상, 후반기 운에선 동료나 후배들에게 자리를 물려주고 편하게 사는 것도 좋은 방법이다. 다만, 관귀는 매우 왕해서 언론을 통한 얼굴마담 역할을 하거나, 학교를 끼고 있거나, 저술 또는 예술 활동 등은 꾸준히 하는 것이 좋다. 후반기 운에선 비견겁에게 관인상생(官印相生)이 되기 때문에 자신이 창작을 하는 것보다는 남이 한 창작에 관심을 갖고 미술품을 수집하는 것일 수 있다.

인상적인 것은 배신수를 뜻하는 신가기(辛加己) 노복배주(奴僕背主, 사내종이 주인을 배신함)의 흉격(凶格)이 있다는 점이다. 앞에서도 패란격(悖亂格)이 기존의 규칙을 무너뜨리고 새로운 것을 창출해 내는 디자이너로서의 재능으로 발휘된 것을 볼 수 있었다. 이것으로 보아선 노복배주도 과거의 것을 밀어내는 재능으로 승화된 것이 아닐까 하는 예상을 해본다.

재밌는 사실은 이 노복배주의 흉격이 지방시의 절친이자 우상이자 영혼의 단짝인 발렌시아가의 사주에도 똑같이 나타난다는 것이다.

# 크리스토발 발렌시아가

## Cristóbal Balenciaga
### 디자이너들의 디자이너

# 奇門

陰曆: 1894年 12月 26日 申時
陽曆: 1895年 1月 21日 申時

| 7 | 5 | 4 | 1 | |
|---|---|---|---|---|
| 庚 | 戊 | 丁 | 甲 | 八 |
| 申 | 辰 | 丑 | 午 | 五 |
| 時 | 日 | 令月 | 年 | |
| 9 | 5 | 2 | 7 | |

三上大陽
局元寒遁

크리스토발 발렌시아가
(Cristóbal Balenciaga Eizaguirre)

Born on  21 January 1895
   at 17:00 (= 5:00 PM)
Place  Getaria, Spain,
    43n18, 2w12
Timezone   LMT m2w12
     (is local mean time)

| 火 <世> | 華 | 月干 | 歲馬 | 歲支 | 金 | 歲亡日劫 | 時支 |
|---|---|---|---|---|---|---|---|
| 傷歸 四四己 辛己 心地 | | 和 杜德 | 九九兄 | 蓬天 丙丁 | 義 開宜 | 六二鬼 | 癸乙 | 任直 |
| 死墓 | 49 4 | | 病火 | 76 39 | 祿 | 衰 | 旺土 | 60 42 |
| 日干 迫 | 年殺 | 日馬 | 時干 | 天馬 | 反吟格 | | 年殺 | |
| 驚體 | 五三財 | 壬戊 | 柱雀 | 八五父 | 庚 | | 和 生魂 | 一七官 | 戊壬 | 沖蛇 |
| | 胞木 | 54 45 | | 沖局 | 90 9 | | | 建金 | 80 22 |
| 木 三奇上吉門格 | 月支 | | | | 水歲干 | 華 | 歲劫日亡 | |
| 制休命 | 十八財 | 乙癸 | 芮陳 | 制景氣 | 七一孫 | 丁丙 | 英合 | 和 死害 | 二六 | 己辛 | 甫陰 | 孫 |
| | 胎養土 | 79 30 | | 生 | 水 | 67 40 | ○浴 | 帶 | | 金 | 82 15 |

크리스토발 발렌시아가는 마치 장동건이 '연예인들의 연예인'이라 불리듯이 '디자이너들의 디자이너'로 불리면서, 특히 지방시의 우상이며 지방시와 절친인 것으로 알려져 있다.

참으로 재밌게도 지방시의 사주가 신약(身弱)에 재생관인상생(財生官印相生)이듯이, 발렌시아가도 신약에 재생관인상생이다. 또한 지방시에게 노복배주(奴僕背主)의 흉격(凶格)이 있었는데 발렌시아가도 노복배주의 흉격이 있다. 팔장(八將)이 구지(九地)라는 것까지 똑같다.

또한 지방시는 금과 나무가 부딪히는 금목충국(金木沖局)인데, 발렌시아가는 물과 불이 부딪히는 수화충국(水火沖局)에 금목충국이 겹쳐 있다. 한마디로 발렌시아가와 지방시는 공통점이 아주 많은 사주다. 발렌시아가가 지방시의 롤모델이자 스승인 게 아주 당연해 보인다.

거기에 발렌시아가는 금과 불이 부딪힌다는 화금상전(火金相戰)을 끼고 있어, 대단히 깐깐한 성품의 소유자다. 전반적으로 창작력, 장인정신, 행동력을 모두 갖춘 예술가다. 또한 대단히 원리원칙주의자이며, 순수 예술가형의 성격을 띠고 있다. 아마도 이러한 고도의 장인이자 순수 예술가적인 면모가, 디자이너들의 디자이너로서 존재하게 해준 것이 아닐까 한다.

꿈과 이상이 대단히 높고 크며, 싫은 일은 때려죽여도 못할 성품이라 고집스럽게 자신의 길을 걸어간 듯하다. 반음대격(反吟大格)으로 자신이 하고 싶은 일 안에서는 창조적이고 다양한 시도들을 하면서 평생 바쁘게 살았을 것으로 보인다.

지방시와 다른 점이라면 고도로 유명해지는 것을 추구하는 지방시와는 달리 발렌시아가는 하고 싶은 일만 하는 유형이다.

명예를 좋아하긴 하지만 명예의 질을 추구하지 명예의 크기를 추구하진 않는다. 즉 지방시는 모두가 알고 모두가 원하는 옷을 추구한 반면(물론 입기는 상위 1퍼센트만 입을 수 있었겠지만), 발렌시아가는 상위 1퍼센트만 제대로 알아주고 제대로 입어 주는 옷을 추구했을 것이다.

# 3부
# 할리우드 은막의 전설

# 마릴린 먼로

## Marilyn Monroe
### 비운의 섹시 스타

## 奇門

陰曆: 1926年 4月 21日 巳時
陽曆: 1926年 6月 1日 巳時

| 10 | 8 | 10 | 3 |
|---|---|---|---|
| 癸 | 辛 | 癸 | 丙 | 四
| 巳 | 酉 | 巳 | 寅 | 七
| 時 | 日 | 令月 | 火年 |
| 6 | 10 | 6 | 3 |

八局　下元　小滿　陽遁

> 마릴린 먼로
> (Marilyn Monroe,
> Norma Jeane Mortenson)
>
> Born on　1 June 1926
> 　　　at 09:30 (= 09:30 AM)
> Place　Los Angeles, California,
> 　　　34n03, 118w15
> Timezone　PST h8w
> 　　　(is standard time)

| 火月時<br>和休魂<br>死墓 | 天馬<br>十一孫 | 時支<br>庚癸 | 月支<br>蓬直<br>73<br>35<br>木 | 年殺<br>義生宜 | 五六孫 | 劫歲日<br>戊己 | 金<br>任蛇<br>84<br>15<br>火 | 日干<br>死德 | 二九兄<br>旺 | 歲馬亡<br>壬辛<br>76<br>32<br>衰土 | 沖陰 |
|---|---|---|---|---|---|---|---|---|---|---|---|
| 年殺<br>義景命 | 一十父 | 丙壬 | 心天<br>74<br>34<br>胞木 | | 四七官 | 伏歲亡<br>丁 | 64<br>42<br>戰局 土 | <世><br>開歸<br>建祿 | 七四 | 癸乙<br>52<br>4<br>金 | 甫合 |
| 木華<br>義驚體 | 六五父 | 乙戊 | 歲支柱地<br>90<br>9<br>胎養土 | 義傷害 | 三八財 | 辛庚 | 芮雀<br>79<br>23<br>生水 | 水歲干<br>制氣<br>貴 | 八三財 | 己丙<br>60<br>45<br>浴帶金 | 華日劫<br>英陳 |

124　3부 할리우드 은막의 전설

역사에 남을 최고의 섹시 아이콘, 마릴린 먼로의 사주다.

마릴린 먼로는 의외로 도화살(桃花殺)도 없고 욕(浴) 등의 잡다한 끼도 없으며, 의리파에 수완과 문장, 지혜가 있고 청정한 사주를 띠고 있다. 하긴, 성형 전의 모습을 보면 의외로 귀엽고 순수하게 생긴 모습을 볼 수 있는데, 실제 성격은 원래의 모습과 가까울 것으로 생각된다. 집안에도 바깥에도 남자가 있는, 남자궁의 탁명을 빼면 생각보다 끼가 난잡한 유형은 아니다.

다만, 팔자 센 여자에게서 꽤 흔한 극관(尅官)의 사주다. 전형적인 중궁관(中宮官)의 관인상생형(官印相生形) 스타 사주인데, 이는 할리우드 스타들에게서 아주 흔하게 발견되는 사주다(사실 우리나라 스타들에게서도 자주 발견된다). 아마 책 뒷부분에서도 자주 등장할 것이다.

남자궁 자리의 변동수와 문젯거리를 이고 있고, 집안에도 이화춘우(梨花春雨, 봄비에 배꽃이 떨어짐. 癸加乙)라고 하는 이별수가 붙어 있는 데다 극관(尅官)을 한다. 이런 요소들로 인하여 여러 번의 이혼을 겪었다. 그런데 의외로 집에 합(合)이 붙어 있어, 어지간하면 가정 깨는 꼴을 보고 싶어 하지 않았고 화목하고 행복한 가정을 꿈꾸었을 것이다. 다만, 극관의 특성상 일과 남자 중 선택해야 할 땐 일을 선택할 확률이 높고, 아마도 첫 번째 이혼은 이러한 맥락에서 했을 것이다. 의외로 관인상생으로 기본적으로는 남자에게 사랑받을 줄 아는 성격이면서 자신을 진심으로 사랑해 주는 남자를 택한다.

또한 잡끼는 없지만 연예인으로서의 순수한 재능이 있고, 사교성이 풍부하며, 주변 사람과 화합을 잘한다. 불(火)과 금(金)이 부딪히는 다소 까다롭고 깐깐한 성품이 있으며, 자존심이 대단히

세다. 개방적이고 모험심이 있어 일 벌리기를 좋아하고 사람들과 어울리기를 좋아하지만, 내성적인 면도 있어서 속마음을 잘 드러내지 않는다. 다만, 매우 왕(旺)한 금에 극관이라, 통이 크고 의리 있고 시원시원하고 겁이 없고 인정이 많은 성격을 지녔다.

  10~15세 때에 사춘기가 왔으며, 16세 이후의 운세에서 징조는 좋지 않고 돈에 허덕일 순 있으나 의외로 원상통기(圓狀通氣)로 나쁘지 않은 운이다. 아마도 열여섯의 이른 나이에 한 첫 번째 결혼이 생각보다 나쁘진 않았음을 짐작해 볼 수 있다. 돈을 좇고 명예를 좇는 시기라 연예인이 될 기회가 오자 주저 없이 그 기회를 잡았으며, 그것이 이혼 사유였지 남편과의 관계 자체는 크게 나쁘지 않았을 것으로 보인다.

  대발한 시기가 연예인에게 가장 좋지 않을 것 같은 비견겁운(比肩劫運)이라는 점이 특징적이다. 그런데 그 운이 금의 시기라는 것을 볼 수 있다. 전혀 연예인 같지 않은 사주라도 금이 왕하면 뜨는 것을 왕왕 볼 수 있다. 금은 명성을 뜻하기 때문이다. 이 경우, 비록 비견겁운이지만 금이 왕한 정도가 절정에 달하므로 명성을 얻을 수 있었던 것으로 보인다.

  죽은 시기가 인상적인데, 왕한 관귀운(官鬼運) 때에 죽었다. 나이 들어서 관귀운이 오면 종명하는 경우가 많긴 한데, 마릴린 먼로는 비록 관귀운이라고는 하나 아깝게도 비교적 일찍 종명운을 맞이하였다. 관귀(官鬼)는 남자를 뜻하기도 하므로, 남자관계로 인한 타살이라는 항간의 설이 맞을 가능성도 있다. 아직 젊은 데다 나중에는 관인상생하는 관이므로, 나서지 않고 얌전히만 있었으면 죽지는 않았을 수 있다. 상당히 유명한 죽음이었으므로, 죽은 당시의 연운(年運)을 보도록 하겠다.

## 奇門

陰曆: 1962年 4月 21日 巳時
陽曆: 1962年 5月 24日 巳時

| 2 | 9 | 2 | 9 | |
|---|---|---|---|---|
| 乙 | 壬 | 乙 | 壬 | 四 |
| 巳 | 戌 | 巳 | 寅 | 八 |
| 時 | 日 | 令月 | 年 | |
| 6 | 11 | 6 | 3 | |

八局　下元　小滿　陽遁

마릴린 먼로
(Marilyn Monroe,
Norma Jeane Mortenson)
**1962년 사망연운**

Born on  1 June 1926
　　　　at 09:30 (= 09:30 AM)
Place   Los Angeles, California,
　　　　34n03, 118w15
Timezone   PST h8w
　　　　(is standard time)

| 火 歲亡 辰 巳 時月<br>和 日亡 　 　 支支<br>休 　 　 丙 心<br>命 十 　 癸 雀<br>　 二<br>　 鬼<br>死墓 | 午<br>　 時月 蓬<br>義 支支 地<br>生 庚<br>害 五 己<br>　 七<br>　 官<br>病 火 | 金 　 未 　 申<br>　 　 　 戊 任<br>死 二 辛 天<br>氣 十<br>　 父<br>旺衰 土 |
|---|---|---|
| 日 天馬 年殺 卯<br>干<br>義 景 一 柱<br>　 魂 一 陳<br>　 　 乙<br>　 　 壬<br>　 　 孫<br>胞 木 | 　 　<br>　 四 丁<br>貴 八<br>　 財<br>冲局 土 | 時月 酉<br>干干<br>開 七 壬 冲<br>體 五 乙 直<br>　 父<br>建 金 |
| 木 寅 丑 歲劫<br>　 　 　 日劫 歲<br>義 驚 六 辛 支<br>　 歸 六 戊 芮<br>　 　 孫 　 合<br>○祿 胎養 土 | 子 歲馬<br>　 　 日馬<br>義 傷 三 己 英<br>　 宜 九 庚 陰<br>　 兄<br>○ 生 水 | 水 <世> 亥 戌 華<br>制 杜 八 癸 甫<br>德 　 四 丙 蛇<br>浴帶 金 |

그러잖아도 대운(大運)에서 왕한 불의 관귀운에 들어섰는데, 연운에서도 불의 관귀에게 얻어맞고 있다. 배신수인 오불우시격(五不遇時格)도 함께 들어 있다.

가만히 있는 것이 좋다는 징조가 들어 있어, 아마 얌전히만 있었으면 화는 피했을 수 있다. 사망 당시 운세에 계속 관귀가 뜨는 것으로 보아선 역시 남자 문제와 관련이 있을 수 있다.

# 엘리자베스 테일러

## Elizabeth Taylor

### 세기의 미녀

## 奇門

陰曆: 1932年 1月 22日 丑時
陽曆: 1932年 2月 27日 丑時

| 10 | 5 | 9 | 9 | 六 |
| 癸 | 戊 | 壬 | 壬 | 三 |
| 丑 | 午 | 寅 | 申 |  |
| 時 | 日 | 令 | 年 |  |
|  | 日 | 月 | 木 |  |
| 2 | 7 | 3 | 9 |  |

六局　中元　雨水　陽遁

엘리자베스 테일러
(Elizabeth Rosemond Taylor)

Born on　27 February 1932
　　　　at 02:30 (= 02:30 AM)
Place　London, England,
　　　51n30, 0w10
Timezone　GMT h0e
　　　(is standard time)

| 火 華 天馬 | <世> | 歲劫日亡 | 金時干 | 歲支蓬直 |
|---|---|---|---|---|
| 制 生 體 二七 己丙 兄 衰 旺 | 和 傷氣 七二 祿 建 | 戊辛 心天 火 52 2 | 義 驚害 四五孫 帶 | 壬癸 浴 土 85 11 |
| 柱地 78 24 | | | | |
| 年殺 | 歲亡日劫 | 歲馬 | 年殺 | |
| 制 死歸 三六 癸丁 鬼 病 | 芮雀 木 81 17 | 六三 乙 父 和 局 土 76 27 | 義 休命 九十 庚己 孫 貴 生 金 | 任蛇 69 44 |
| 木 | 時支辛 月支英陳 | 月干 歲干 | 水 日干 | 華 日馬 |
| 義 開魂 八一 官 死 墓 ○ 胎 | 庚 土 60 45 | 義 杜德 五四 丙壬 財 ○ 胞 水 90 6 | 迫 景宜 十九 財 胎 養 | 丁戊 沖陰 金 70 36 |

3부 할리우드 은막의 전설

세계 최고의 절세 미녀, 엘리자베스 테일러의 사주다. 그녀는 결혼을 여덟 번이나 한 것으로도 유명하다.

엘리자베스 테일러는 자리나 효수(爻數), 오행의 성질 모두 다르긴 해도 전체 흐름은 마릴린 먼로처럼 극관(剋官)에 관인상생(官印相生)을 하는 사주다.

굉장히 태왕(太旺)하여 성격은 상당히 여유롭고 대인배이며 담대하다. 아주 화려한 외모와는 달리 성격은 의외로 대단히 시원시원하고 소탈하다. 화끈하면서도 보기보다 매우 좋은 성격이어서 특별히 까다롭다거나 예민하지 않으며, 오히려 대인배스러운 참을성을 가지고 있다. 의외로 잡끼는 없어 청정한 사주다. 다만, 사회생활에서의 모습에서 천적의 공인이 될 수 있다는 아름다운 길격(吉格)과 공인으로서의 재능이 나타나 있다.

관인상생에 극관과 더불어, 남자 자리가 약하고 남자궁에 구멍이 뚫린 징조가 심상치 않다. 극관에 남자 자리에 구멍까지 뚫리면 남자가 잘 바뀌는데, 이것이 '사랑하면 결혼해야 한다'는 본인의 소신과 어우러져 여덟 번의 결혼으로 나타났다.

이외에도 집안에 '열 중 아홉은 실패한다'는 십사구패(十事九敗)의 실패수가 있는데, 이것 역시 가정의 실패로도 나타난다는 것을 볼 수 있다. 이것이 결국 모든 결혼이 실패한 것으로 나타난 듯하다. "십사구패니까 한 열 번쯤 결혼했으면 그중 한 번은 성공했으려나?" 하는 말은 농담에 지나지 않고, 만일 결혼을 열 번 했다면 아마도 열 번째 결혼할 때쯤엔 너무 늙어서 이혼할 새 없이 죽었을 것이다. 그 바람에 열 번째 남편은 유일하게 이혼하지 않은 남자로 남았을 수는 있겠다.

스스로 색을 밝혀서 결혼을 여덟 번 했다기보다는 극관과 관

(官)이 구멍 뚫린 특유의 특성 때문에 남자와 헤어지거나 이혼을 지르는 데 망설임이 없었을 것이다. 그것이 결혼을 여덟 번 한 원인인 듯하다.

7세(외국 나이로 5세)부터 끼 있는 일을 할 수 있는 시기가 와서 상당히 일찍 연예계에 데뷔하였다. 이후 운인 12~17세 때 첫 번째 유명세를 얻을 수 있으며, 이때부터 남자가 부지런히 꼬였을 것이다.

여덟 번의 결혼을 시기별로 살펴보면, 첫 번째와 두 번째 결혼은 비견겁운(比肩劫運) 때 하였다. 관귀(官鬼)가 치는 시기에 결혼을 왕왕 하는데, 이것은 관귀가 나를 치지 않고 비견겁(동료)을 칠 때도 마찬가지다. 관귀가 비견겁을 치는 시기에 결혼을 두 번 했음을 볼 수 있다.

보통은 남자를 만나는 시기로 인수운(印綬運)을 가장 좋게 보지만, 이처럼 남자 자리가 지나치게 약하고 극관을 하면 남자의 기가 빨리는 인수운은 오히려 이별 시기가 되거나 인수운 때 만난 남자는 빨리 헤어지는 수가 있다. 따라서 남자를 생해 주는 재운(財運)이나 남자운인 관운(官運) 때 남자를 만나는 것이 더 나은 경우를 볼 수 있다.

엘리자베스 테일러도 마찬가지였는데, 인수운 때(1956~58년)는 오히려 이혼 시기인 동시에 이때 만난 남자와는 빨리 헤어지거나 사별했음을 볼 수 있다. 역시나 재운(1959~67년) 때 만난 남자나 관운(1976년) 때 만난 남자와 비교적 오래 살았다. 특히 재운 때는 결혼 징조인 문괘(門卦)까지 좋은데, 이때 만난 두 남자와 각각 5년, 11년을 살았다. 인생 최고의 사랑인 리처드 버튼을 만난 시기도 이때다.

엘리자베스 테일러는 화국(和局)이라 의외로 성격이 좋아서 충국(冲局) 등의 다소 성격이 나쁜 남자와 잘 맞는 경우가 많은데, 인생의 사랑인 리처드 버튼의 성격이 아주 대단했다고 알려져 있다.

남자 자리가 그나마 튼튼해지는 후반기 운에서도 결혼을 했는데, 남자를 끌어들이는 인수운 때 스무 살 연하와 마지막 결혼식을 올렸다.

그녀는 인수운 때 세상을 떠났다. 이때는 죽음의 상징인 사문(死門)의 시기인 데다 4대 흉격(凶格) 중 하나인 등사요교(螣蛇妖嬌)의 흉격이 나타나 있다. 아마도 이전 운이 관귀운(官鬼運)이라 이전부터 투병생활을 죽 해오다가 이때 와서 죽음의 징조를 맞아 종명한 듯하다. 종명 시기가 인수운이라 비교적 평온하게 세상을 떠났을 것이다. 죽을 때 평온했는지는 정확히 알 수 없으나, 자손들이 모두 지켜보는 임종을 맞이했다고 전해진다.

# 비비안 리

## Vivien Leigh
### 영원한 스칼렛

## 奇門

陰曆: 1913年 10月 8日 申時
陽曆: 1913年 11月 5日 申時

| 1 | 7 | 9 | 10 | 九 |
| 甲 | 庚 | 壬 | 癸 | 七 |
| 申 | 寅 | 戌 | 丑 |  |
| 時 | 日 | 令月金 | 年 |  |
| 9 | 3 | 11 | 2 |  |

三局　下元　立冬　陰遁

> 비비안 리
> (Vivien Leigh,
> Vivian Mary Hartley)
>
> Born on  5 November 1913
>   at 17:16 (= 5:16 PM)
> Place   Darjeeling, India,
>   27n02, 88e16
> Timezone   LST m88e20
>   (is standard time)
> Data source   Bio/autobiography,
>   Rodden Rating B

| 火<br>迫 開魂 五一財 乙 甫武 65<br>帶　　　　　　　　　建木 31 | 年殺 制驚宜 十六財 辛辛 旺火 11 歲馬<br>日劫 英虎<br>迫 90 | 金<br>迫 傷德 七九孫 己己祿土 28 歲亡<br>日馬 時支芮合 78 |
| 年殺 杜命 六十兄 戊戊 木 30 貴浴<br>六儀擊刑 沖地 71 | 伏吟格　　　　伏日亡<br>九七父 丙 戰局 土 38 60 | 歲干<br>義休歸 二四孫 癸癸 金 45 柱陰 48 死 |
| 木華<br><世><br>生體 月干一五 壬壬 土 5 天馬 任天 46 生養 | 日干<br>迫 時干死害 八八官 庚庚 水 19 伏干格<br>飛干格 蓬直 86 胎 | 水華 歲劫<br>迫景氣 三三鬼 丁丁 金 41 月支心蛇 51 墓胞 |

영화 〈바람과 함께 사라지다〉로 유명한 전설의 배우 비비안 리의 사주다.

다만, 시간 설정이 다소 고민되었다. 정확도가 아주 높지 않은 시간(Rodden Rating B)인 데다 출생지가 인도이고, 당시 인도가 영국 식민지였음을 고려해 보면 차이가 있을 수 있기 때문이다. 그 점을 감안해 유시(酉時)와 함께 신시(申時)도 해단해 보았다.

최대 히트작에서의 최고 히트 캐릭터는 배우의 사주와 일치하는 경우가 많다. 그래서 비비안 리의 경우, 본인의 최고 히트 캐릭터를 넘어서서 역사에 남을 캐릭터라 할 수 있는 스칼렛 오하라의 캐릭터성으로 보아선 극관(剋官)을 할 것임이 유력하다. 시간은 신시와 유시 모두 극관 기질이 있는데, 이중 직접 극관하는 것은 신시다.

유부남이었던 로렌스 올리비에를 사랑하고, 결국 이혼까지 시켜서 차지한 것 등의 행적을 보면 신시일 가능성이 크다. 비슷한 행적을 보인 다른 여배우에게서도 신시와 비슷한 사주를 본 적이 있다.

신시와 유시 모두 망(網)이 쳐져 있어서 우울증이 있을 가능성은 둘 다 비슷하다. 그런데 정신병을 뜻하는 치명적인 흉격(凶格)이 해당 자리에 많으면서 없는 고민도 만들어서 하고 자신을 들들 볶는 성격인 것은 신시 쪽이다. 또한 원하는 것은 결국 차지하는 성격이나, 비슷한 명성을 얻은 앞의 여배우들과의 공통점 등을 보건대 신시일 가능성이 클 것으로 보고 해단해 보도록 하겠다.

스칼렛 오하라는 전형적인 극관에 관인상생형(官印相生形)의

캐릭터다. 자신의 사주와 캐릭터가 일치할 경우 크게 히트하는 것을 볼 수 있는데, 신시가 맞는다면 비비안 리는 스칼렛 오하라의 캐릭터처럼 극관에 관인상생을 하는 배우다. 극관에 관인상생이 벌써 세 번째 나오는데, 아마도 이 극관에 관인상생이란 것은 할리우드 배우들에게 유리한 사주인가 보다.

거기다 쌍관(雙官)으로 관살혼잡(官殺混雜)하다는 것만 빼면, 재능은 뛰어나지만 잡끼가 풍부하지 않고 연예인치고 청정한 사주라는 점에서도 앞의 두 명과 일치한다.

사지화살(四支化殺)의 귀인격(貴人格)이라 고풍스럽고 품위가 있다. 엘리트형 사주다. 실제로도 부잣집 외동딸로 귀하게 자란 것으로 알려져 있다.

쌍관으로 관이 극단적으로 많다. 인생에 남자가 반드시 있어야 해서, 남자 없이는 살기 힘들다. 전형적인 관살혼잡으로, 연예계를 떠나 한 남자만 바라보며 살기는 힘들다(실제로 연예인으로 살면서도 그게 힘들었는지, 결혼생활 중에 바람피운 적이 있던 걸로 알려져 있다).

때때로 자신의 남자를 아주 못살게 구는 일이 있었을 수 있다. 그럼에도 진생으로 관인상생을 끌어 먹고 있어서 결코 남자의 사랑을 잃지 않는다.

실제로 비비안 리는 평생 동안 남편이라 부를 만한 남자가 세 명 있었고, 셋 모두의 호의와 사랑을 죽을 때까지 잃지 않았다. 재밌는 것은 관의 효수(爻數)가 삼(三)이라는 것이다. 그녀의 장례식은 이 세 남자의 주관으로 치러졌고, 장례식에는 세 남자 모두 참석했던 것으로 알려져 있다.

# 그레이스 켈리

Grace Kelly
모나코 왕비가 된 진짜 신데렐라

# 奇門

陰曆: 1929年 10月 12日 卯時
陽曆: 1929年 11月 12日 卯時

| 8 | 8 | 2 | 6 | 六 |
|---|---|---|---|---|
| 辛 | 辛 | 乙 | 己 | 五 |
| 卯 | 酉 | 亥 | 巳 | 年 |
| 時 | 日 | 令月水 | 6 | |
| 4 | 10 | 12 | | |

三局 下元 立冬 陰遁

그레이스 켈리
(Grace Patricia Kelly)

Born on   12 November 1929
           at 05:31 (= 05:31 AM)
Place   Philadelphia, Pennsylvania,
         39n57, 75w10
Timezone   EST h5w
           (is standard time)

| 火月干義景歸祿 | 二四財 帶 | 丁乙 建 木 | 歲支心蛇 63 34 | 時日干和杜德 | 七九財 旺 火 | 年殺 庚辛 | 歲亡日 蓬直 82 24 | 金歲干義開宜 病 | 四二兄 衰 土 | 壬己 | 任天 70 27 |
|---|---|---|---|---|---|---|---|---|---|---|---|
| 歲劫日劫和休體浴 | 三三父 | 癸戊 木 | 時支柱陰 66 30 | 反吟格 | 六五孫 | 丙 | 戰局 土 61 39 | <世> 和死魂貴 | 九七 死 | 戊癸 | 沖地 54 7 金 |
| 木義驚命 ○ | 八八父 養 土 | 己壬 生 | 芮合 90 15 | 傷氣 ○ | 五一鬼 胎 | 辛庚 | 英虎 水 75 25 | 水和生害 墓 | 十六官 胞 金 | 乙丁 | 月支甫武 55 45 歲馬日馬 |

할리우드의 고전 미녀, 우아함의 대명사로 불리다가 모나코 왕비가 된, 현대의 신데렐라 그레이스 켈리의 사주다.

신데렐라로 각광받는 사람이라고 모두 특별히 좋은 사주인 것은 아니다. 그런데 그레이스 켈리는 관(官)이 왕(旺)한 원상통기(圓狀通氣)의 사주로, 꽤나 신데렐라다운 사주다.

잡끼(잡다한 끼)가 풍부하고 도화살(桃花殺)도 있어서 꽤 연예인다운 사주이기도 하다. 연애가 꽤나 즐거운 사주인 데다가 도화살과 잡끼까지 있어, 아마도 소싯적에 남자깨나 밝혔다는 이야기는 사실일 수 있다. 특히 남자를 쫓는 데다 도화살이 발동하는 10대 후반부터 남자운인 20대 중반까지가 그런 기질이 절정에 달하는 시기였을 것이다.

성격은 밝고 화통한데, 불과 금이 부딪히고 있어서 매우 까다로운 면도 있었을 것으로 보인다. 하지만 인수(印綬)와 관 모두 왕한 관인상생(官印相生)의 특성상 사회생활을 대단히 잘했을 듯하다. 소속 기관에서 윗사람과 아랫사람 모두에게 사랑받는, 처신을 잘하는 유형이다.

남자궁에 귀인(貴人)의 징조가 나타나 있다. 아마도 이러한 맥락에서 모나코 왕을 남편으로 택한 것이 아닐까 한다.

관의 모양새가 아주 아름답고 통기가 되는 특성상 한 나라의 왕비 노릇을 매우 우아하게 잘해 낼 것이며, 특히 대외적·비즈니스적인 왕비 역할을 매우 잘한다. 손(孫)이 왕한 것으로 보아선 자식들을 예뻐하는 어머니였고, 관인상생이 되는 것으로 보아선 평생 남편의 사랑을 잃지 않았고 남편과의 사이도 좋았을 것으로 보인다.

다만, 극관(剋官) 기질이 있어 남자를 자기 밑으로 보는 기질

도 있다. 극관 기질이 있을 때는 할리우드의 다른 극관하는 여배우들이 흔히 그렇듯이, 소싯적에는 문제 있는 남자도 좀 만났을 테고 아마 남자가 잘 바뀌는 편이었을 것이다. 도화살 덕분에 원체 남자에게 성적 매력을 어필하는 데다 연애를 좋아하고, 남자가 항시 필요한 유형이기도 하다. 사생활이 문란하다는 소문이 있는데, 이러한 점에서 나온 소문인 듯하다. 특히 25세 무렵엔 남자를 함부로 만나는 편이었을 수 있다.

그런데 근본적으로 바람기가 있는 유형은 아니다. 단지 정식으로 교제하는 남자가 없을 때는 남자를 자유롭게 만나기도 하고, 정식으로 교제하는 남자도 잘 바뀌고, 만나는 남자 중에 문제 있는 남자도 있었을 수 있다. 제대로 된 임자를 만나면 남자에게 잘하고 성실하며, 특히 결혼 후엔 오히려 남자 쪽에서 여자 문제를 일으킬 수 있다. 때문에 남편인 모나코 대공 레니에 3세는 여자 문제가 다소 있었을 것이다. 다만, 남자 자리에 본처가 득세하고 있는 형상이므로, 기본적으로 아내로서 사랑받았을 것으로 보인다.

원상통기여서 항간에 떠도는 소문처럼 남편과의 사이나 시댁과의 사이가 실제로는 그렇게까지 크게 나쁜 편은 아니었을 것 같다. 다만, 집안 모양새가 칠구상전(七九相戰)으로 불과 금이 필살로 부딪히는 데다 집안의 모양새가 좋지 않아, 집안에서는 특히 시댁과 자잘하게 갈등이 있었을 수 있다.

더군다나 원체 극관에 나대는 걸 좋아하는 성품이 있어, 얌전히 집안에만 틀어박혀 요조숙녀로 살아갈 유형은 아니다. 하지만 특유의 연예인 기질로 대외적인 왕비 역할은 매우 잘했을 것이다. 어쨌든 원상통기에 관도 왕하므로, 집안에서의 근본적인 갈등은 해결되지 않더라도 살아가면서 적당한 선에서 타협하지 않았을까 한다.

그레이스 켈리는 여자가 남자에게 가장 사랑받는 시기라는 인수운(印綬運)에 들어서자마자 레니에 3세를 만나 결혼하였다. 때문에 모나코 왕국의 관광산업을 활성화하기 위해 정략적으로 결혼했다는 항간의 소문과는 달리, 이 사주가 맞는다면 결국 결혼의 가장 큰 이유는 레니에 3세가 그레이스 켈리를 진심으로 사랑했기 때문으로 보인다. 모종의 이유가 있었다 할지라도, 기본적으로 그레이스 켈리의 결혼운은 진심으로 자신을 사랑해 주는 남자를 만나는 운이기 때문이다.

다만, 앞서 말했듯이 집안에서의 자잘한 갈등, 집안 분위기가 썩 좋지 않아 사회생활을 하는 것이 훨씬 좋은 점, 그레이스 켈리 자체가 바쁘게 돌아다니고 일하고 나대며 화려하게 사는 걸 좋아하는 점 등을 비춰 볼 때, 왕궁 안에 갇힌 생활은 매우 답답했을 것이다. 또한 30대 후반의 극관 시기에 남편과의 갈등이나 왕실과의 불화도 꽤 있었을 것이다. 하지만 40대 때 다시 고분고분해지는 시기로 가면서 대체로 사랑받는 아내로서, 이미지 좋은 왕비로서의 역할을 잘했을 것으로 보인다.

문제는 46~54세 때의 삼형(三刑)의 운이다. 삼형은 기문학에서 최고로 무서운 운으로 치는 것이다. 그중에서도 구(九)의 시기가 가장 위험한데, 이때가 바로 구의 시기다.

거기다 이 자리의 수미복배 징조를 보면, 차는 끊기고 말은 죽어 없다는 차절마사(車絶馬死)의 흉격(凶格)이 자식을 뜻하는 시간(時干)과 함께 나타난다.

정리하자면, 그레이스 켈리의 이 사주로 보아선 결혼에 대해

항간에 떠도는 불미스러운 소문과는 달리 자신을 진심으로 사랑해 주는 남자와 결혼한 것으로 보이며, 집안에서의 갈등도 있을 순 있지만 소문처럼 불행하게만 살진 않았고, 사랑도 받고 인정도 받는 삶을 살았을 것으로 보인다.
 그러나 하늘의 형벌이라는 무시무시한 삼형의 시기를 넘기지 못하고, 수미복배의 징조에 나타난 대로 자식과 함께 당한 교통사고로 명을 달리하고 말았다.

# 캐서린 헵번

Katharine Hepburn
오스카가 선택한 연기파 배우

# 奇門

陰曆: 1907年 4月 1日 酉時
陽曆: 1907年 5月 12日 酉時

| 4 | 8 | 2 | 4 | 九 |
| --- | --- | --- | --- | --- |
| 丁 | 辛 | 乙 | 丁 | 七 |
| 酉 | 酉 | 巳 | 未 | |
| 時 | 日 | 令 | 火 | |
| 10 | 10 | 月 | 年 | |
| | | 6 | 8 | |

| 時干 | 日干 | 月令 | 年干 |
|---|---|---|---|

캐서린 헵번
(Katharine Houghton Hepburn)

Born on 12 May 1907
 at 17:47 (= 5:47 PM)
Place Hartford, Connecticut,
 41n46, 72w41
Timezone EST h5w
 (is standard time)

七局 下元 立夏 陽遁

| 火時干和休死魂墓 | 天馬 歲干 辛 五一 丁 蓬直 孫 64 35 木 | 月支 | 年殺 生宜 病 | 十六 孫 己庚 火 | 日馬 任蛇 89 15 旺衰 | 金華 死德 | 歲亡 劫日 七九 癸壬 兄 土 | 歲支 沖陰 77 32 |
|---|---|---|---|---|---|---|---|---|
| 義景命 | 六十 父 乙癸 胞木 | 心天 70 34 | | 九七官 戰局 | 伏歲馬 丙 59 42 土 | <世> 開歸 祿 | 二四 丁戊 建 金 | 時支甫合 47 4 |
| 木華 義驚體 ○胎 | 一五 父 戊己 養 | 柱地 90 9 土 | 日干 義傷害 ○ | 八八 財 壬辛 生 | 年殺 芮雀 85 23 水 | 水月干制杜氣貴 | 三三 財 庚乙 浴 金 帶 | 歲亡 劫日 英陳 50 45 |

146 3부 할리우드 은막의 전설

할리우드의 전설적인 여배우이며, 유일무이하게 아카데미 여우주연상을 4번이나 수상한 은막의 스타 캐서린 헵번의 사주다.
앞에서 살펴봤던 여배우들보다 풍운아 사주이며, 사주의 모든 흐름이 깨져 있고 정식으로 극관(剋官)을 하고 있다. 앞서 본 그레이스 켈리와는 극관의 요소를 제외한다면 아주 대조적이다.
이로 보아 헵번은 반항심이 크고 세상을 개혁하려는 기질이 강하다. 하긴, 평생을 배우로 살며 열정적으로 일했고 사회운동가 기질도 있었던 캐서린 헵번과, 모나코 왕비로서의 삶을 선택한 그레이스 켈리이니 서로 다를 만도 하다.
요즘 기준으로 봐도 매우 진보적인 성향이지만 당시에는 더 그랬을 것이며, 앞서의 여배우들에게서 발견할 수 있는 여우 같은 면은 없고 사내대장부 같은 면이 풍부하다. 의리파 여장부이며, 수완이 아주 좋은 데다 재능도 대단히 뛰어났다. 이와 동시에 자신의 재능을 100퍼센트 인정받을 수 있는 운까지 타고났는데, 이러한 맥락에서 아카데미상을 4번이나 수상하였다.
천적의 공인이 될 수 있는 길격(吉格)을 가지고 있는데, 이는 희한하게도 앞서 본 엘리자베스 테일러도 가지고 있고 뒤에서 이야기할 오드리 헵번도 가지고 있다. 도화살(桃花殺)이 있어서 연애관이 다소 요사스러우며 남자들에게 성적 매력이 잘 어필된다. 희한하게도 도화살은 우리나라 연예인에게는 비교적 흔하게 발견되는데, 할리우드 은막 스타들 사주에서는 마릴린 먼로에게서조차도 발견되지 않고 캐서린 헵번에 와서야 발견되는 게 신기하다.
극관의 특성상 아주 강단진 역할, 사주가 깨져 있는 특성상 팔자 사나운 여자 역할이 잘 맞는다. 팔자는 사나우나 귀인(貴

시)의 징조가 여럿 있어서 사람 자체는 기품 있고, 고상한 면도 있다.

남자궁의 징조가 심상치 않은데, 남자궁에 말썽거리가 있고 극관을 하며, 경쟁자가 있는 남자로 나타나 있다. 이렇게 남자가 비견겁(比肩劫)에게 갈 경우에는 첩살이 팔자라고도 하는데, 실제로도 헵번은 유부남이었던 배우 스펜서 트레이시와 오랫동안 사실혼 관계를 유지했다고 한다. 극관과 도화살에 사주 자체가 깨져 있으니, 기존의 도덕관 따위에 그다지 연연하지 않았을 것이다.

관(官)이 비견겁에게 가는 사주로 최고의 배우가 되었다는 점이 신기한데, 이는 배우에게서 종종 발견된다. 아마도 다른 사람의 인생을 살아야 하는 배우라는 직업의 특성상, 이렇게 비견겁이 사주 흐름에 깊이 개입할 경우 자신이 완전히 다른 사람으로 변하는 기질을 가질 수 있다고 추측해 볼 수 있다.

이외에도 사회생활에서의 모습이 망(網)에 쳐져 있는데 이는 배우로서의 역할 몰입도와 자기만의 색깔로 승화되기도 한다. 여기에 도화살과 천적이 공인이 된다는 길격이 있고, 더불어 여러 가지로 배우로서의 재능이 대단히 풍부했을 것으로 보인다. 이론파나 노력파라기보다는 재능과 감각에 의지한 행동파라고 할 수 있을 것이다.

# 오드리 헵번

Audrey Hepburn

영원한 할리우드 요정

## 奇門

陰曆: 1929年 3月 25日 丑時
陽曆: 1929年 5月 4日 丑時

| 2 | 6 | 5 | 6 |
|---|---|---|---|
| 乙 | 己 | 戊 | 己 |
| 丑 | 酉 | 辰 | 巳 |
| 時 | 日 | 令月 | 年 |
| 2 | 10 | 5 | 6 |

一五

四局 上元 立夏 陽遁

> 오드리 헵번
> (Audrey Hepburn,
> Edda Kathleen Van Heemstra
> Rustin)
>
> Born on  4 May 1929
>          at 03:00 (= 03:00 AM)
> Place   Ixelles, Belgium,
>          50n50, 4e22
> Timezone   GDT h1e
>     (is daylight saving time)

| 火 月干 義景歸 六儀擊刑 | 月支英蛇 七四財 帶建 木 | 歲支英蛇 62 34 | 年殺 義死德 二九財 旺火 | 歲亡日 丙癸 87 24 | 芮陰 病衰 | 金 生宜 九二兄 土 | 柱合 辛丙 79 27 |
|---|---|---|---|---|---|---|---|
| 時干 和休體 六儀擊刑 | 戊乙 八三父 浴木 | 甫直 70 30 | 歲劫日劫 | 日干 一五 戰局 | 天馬 己 孫 土 55 39 | ⟨世⟩ 制杜魂 祿死 | 四七 庚辛 金 心陳 49 7 |
| 木 迫傷命 | 乙壬 三八父 生養 土 | 時支沖天 90 15 | 華 和驚氣 貴胎 | 十一鬼 | 壬丁 任地 水 85 25 | 水 開害 五六官 胞墓 | 歲馬日馬 丁庚 蓬雀 54 45 金 |

고전 배우들 중 마지막 순서는 오드리 헵번이다. 말이 필요 없는 세기의 연인, 전설의 여배우다.

오드리 헵번은 의외로 관(官)이 없어, 이름 날리는 일에 크게 집착한 성격은 아니었을 것으로 보인다. 손(孫)이 매우 왕(旺)해서 인정이 아주 많고 베풀기를 좋아한다. 사회생활이 중앙의 무대에 나타나 있어, 이 영향으로 배우가 되었을 것으로 보인다. 관이 없어서 연예인 특유의 겉멋은 별로 없었을 것이나, 무대 체질이고 운동선수 기질이 있다. 이것이 무용수를 꿈꾸며 발레를 배운 모습으로 나타났다. 융통성이 좀 없고 똥고집도 있는 편이다. 사교성은 의외로 높지 않으나, 성격이 활달하고 인복이 많아 주변 사람들에게 사랑받는 유형이다.

겉멋이나 유명세에 집착하진 않으나 꿈과 이상은 매우 높다. 학구적인 면도 있다. 성격은 낙천적이고 활달하며, 늘 웃는 얼굴의 밝은 성격이었을 것으로 보인다. 매우 소탈한 면이 있다. 의외로 돈 문제에 깐깐하고 항상 돈 생각을 하는 편인데, 이것이 검소함으로 나타났다.

특징적인 것은 관이 없으면서 극관(剋官)을 하고 있다는 점이다. 남자 보는 눈이 없는 대표적인 사주다. 관이 없고 극관을 해서 멀쩡한 남자에게는 눈길도 잘 주지 않으며, 늘 치명적인 결함이 있는 남자에게 꽂히는 경향이 있다. 또한 한 번 꽂히면 '이 남자 아니면 앞으로 남자다운 남자는 못 만날 것 같다'는 생각에 쉽게 포기하지 못하는 경향도 있다. 극관하는 사람의 특성상 나쁜 남자한테 끌리는 기질도 있다. 그렇다고 나쁜 남자를 잘 다루는 편은 아니다. 연애 기술이 서툴러서, 의외로 자기 남자를 피곤하게 만드는 면이 있을 수 있다.

성공 시기가 흥미로운데, 관이 없다가 25세(1953년) 때 원상통기(圓狀通氣)를 하는 관을 만난다. 바로 이 시기에 그녀를 현재의 오드리 헵번으로 만들어 준 영화 〈로마의 휴일〉이 나왔다. 연예인에게는 역시 관운(官運)이 좋으며, 특히 관이 없다가 왕한 관을 만나 원상통기할 때 어느 정도까지 대박을 칠 수 있는지를 보여 주는 예시가 될 수 있다.

그다음 히트 시기도 흥미로운데, 바로 〈티파니에서 아침을〉이라는 영화가 나왔을 때다. 이때는 금(金)의 재운(財運) 시기다. 연예인의 경우 재운과 관운을 가장 좋게 보는데, 그 이유에 대한 예시가 될 수 있다. 금의 운에서 히트한 영화가 〈티파니에서 아침을〉인 것도 흥미롭다. 티파니 자체가 귀금속 브랜드이므로 금과 연관 지어 생각해 볼 수 있기 때문이다.

남자를 만났던 시기도 주목할 만하다. 관이 없는 여자들은 관운에 만난 남자만을 진짜 내 남자라고 생각하고, 그 남자에 인생을 거는 경향이 있다. 25세(1953년경) 때 첫 번째 관운이 오니, 이 시기나 이 시기 전후로 첫 번째 남편을 만났을 것으로 추정된다. 첫 번째 남편이 유부남인 것으로 보아선 26~27세 때의 비견겁운(比肩劫運)에 만났을 가능성도 있다. 아마도 첫 만남이나 이성적으로 처음 끌렸던 시기, 즉 남자로서 다가온 중요한 시점은 25세의 관운이지 않았을까 한다.

〈로마의 휴일〉이 나왔을 때 함께 영화를 찍은 그레고리 펙과의 스캔들이 있었는데, 그녀는 나쁜 남자에게 끌리는 경향이 있어서 '세기의 신사'인 데다 지고지순하고 인격자로 알려진 그레고리 펙에게 별 매력을 느끼지 못했을 것 같다. 또 그녀는 남자복이 지지리도 없다고 알려져 있다. 관이 없으니 남자 복 자체가 없는 건 맞는데, 본인 취향부터가 너무 착하기만 한 남자는 관심이 없을 수 있다. 한마디로 남자 복이 없었다기보다는 남자 보는 눈이 없었다.

만일 1953년경에 첫 번째 남편 멜 페러를 만났다면 어땠을까? 아마 첫 만남 당시에 이미 유부남이고 결국 이혼했으며 바람둥이라는 점 등 그 어떤 객관적인 평가나 조건과는 상관없이, 서로 진심으로 잘 통하는 연애를 했을 것으로 보인다. 특히 28~30세 때에는 꽤나 사랑받았을 것이다.

35~39세 때는 손운(孫運)이다. 흔히들 손운에 이혼하는 경우가 많으므로 이때 첫 번째 이혼을 했을 것이다. 40~45세 때에 두 번째 관운이 왔을 때 재혼하였다. 그다음 손운은 50~54세 때인데, 이 시기에 두 번째 이혼을 했을 것으로 추정된다. 후반기 관운은 55세(1983년경) 무렵에 한 번 오는데, 이때쯤 죽을 때까지 함께한 마지막 남자와 만나지 않았을까 한다.

할리우드 최고의 고전 여배우들을 보면서 의아하고 흥미로웠던 점은, 우선 의외로 잡끼가 없다는 것이다. 할리우드 등 서양의 연예인들은 잡끼 없이도 연예인을 할 수 있다는 말을 이기목 선생님의 저서에서 본 적이 있는데, 과연 그 말이 맞는 것 같다. 특히 우리나라 연예인들한테서 가장 흔하게 발견되는 욕(浴)끼가 한 명도 발견되지 않았고, 도화살(桃花殺)도 캐서린 헵번 한 명에게서만 발견되었다. 그나마 캐서린 헵번의 경우가 가장 끼가 많이 붙어 있는 사주다.

두 번째는, 이게 가장 큰 공통점인데 고전을 대표하는 이 여배우들 모두에게서 극관의 기질이 발견되었다는 것이다. 그레이

스 켈리와 오드리 헵번은 정식 극관을 하진 않지만, 그에 준하다고 보는 중궁(中宮)의 손 기질에 영순위 극관까지 하고 있다. 나머지는 전원 정식 극관을 하고 있다.

현대의 스타들은 극관 기질이 없는 경우가 많은데, 고전 시대 최고의 여배우들은 전원 극관을 한다는 점은 주목할 만하다. 아마도 그것은 시대 상황과 연관이 있는 것 같다.

극관은 반항아의 기질, 기존의 질서나 법칙에 매달리지 않는 기질, 주변 시선이나 주변 강요를 타파하고 나설 수 있는 기질과 깡 등을 지니고 있다. 특히 극관은 여자로서만 살기엔 가장 좋지 않다. 당시 시대에 좋은 남자 만나서 잘 시집갈 수 있는 충분한 미모의 여자가, 좋은 데 시집가서 얌전히 사는 인생을 거부하고 세상 모두가 보는 곳에 자신의 얼굴을 들이밀고 자신을 내보이는 데 인생을 건다는 것은 적어도 극관 정도의 반항심과 깡이 있어야 가능했을 일인 듯하다. 즉 당시 시대에 여자로서 배우가 된다는 것은 대단한 모험이었기 때문에 세상을 향해 도전장을 내미는 극관 기질이 있어야 배우를 하는 것일지도 모르겠다. 잘난 남자에게 시집가서 얼마든지 여자로서만 살 수 있는 대단히 아름다운 여자들은 당시 시대에 그저 관만 왕했다면 겁이 많아서 연예인을 못했거나, 관인상생(官印相生)만 되었다면 시집가서 편하게만 살았을 것이다.

고전 여배우들 중 극관 기질이 가장 적고 관인상생이 가장 완벽하게 되고 있는 그레이스 켈리만 해도 결국은 배우생활을 접고 모나코 왕실로 시집을 갔다. 그레이스 켈리도 중궁손(中宮孫)에 영순위 극관이어서, 극관 기질이 결코 적은 것이 아니지만 말이다.

요즘 시대의 스타들은 양상이 달라서, 관만 왕하거나 관인상생만 되는 사주로도 배우생활을 하고 스타가 된다. 아마도 배우라는 직업을 바라보는 시선이 예전과 많이 달라져서인 듯하다. 즉 이제는 시대가 요구하는 여성상을 타파하고 반항해야 할 정도의 모험은 아니기 때문인 듯하다. 그리고 잡끼들이 좀 더 많이 발견된다.

그럼, 다음에는 요즘 시대에 활약하는 할리우드 스타들의 사주를 보도록 하겠다.

# 4부
# 현대 할리우드 스타

# 마이클 잭슨
## Michael Jackson
### 전설이 된 팝의 황제

## 奇 門

陰曆： 1958年 7月 16日 子時
陽曆： 1958年 8月 30日 子時

| 1 | 6 | 7 | 5 |
|---|---|---|---|
| 甲 | 己 | 庚 | 戊 | 一
| 子 | 卯 | 申 | 戌 | 七
| 時 | 日 | 令月 | 年 |
| 1 | 4 | 9 | 11 |

九上白陰
局元露遁

마이클 잭슨
(Michael Joseph Jackson)

Born on  29 August 1958
Place   Gary, Indiana,
         41n36, 87w21

| 火 傷魂 七一財 癸癸 甫蛇 旺木 90 3 六儀擊刑 衰 | 時歲 干干 義生 宜 二六財 戊戊 英直 70 28 建 火 | 歲劫 金華 死德 貴 ○ 九九孫 浴帶 丙丙 土 月支 芮天 62 45 |
|---|---|---|
| ＜世＞年殺 迫驚命 八十 丁丁 沖陰 祿沖局 53 2 病 木 | 伏吟格 天馬 一七父 壬 亡歲劫 伏日 83 10 土 | 月干 制杜歸 ○ 四四孫 生 庚庚 柱地 77 17 金 |
| 木 日干 和景體 死墓 三五兄 己己 任合 73 22 土 | 時支 年殺 休害 十八鬼 乙乙 蓬虎 胞 68 36 水 | 水華 日亡 開氣 五三官 辛辛 胎養 歲支 心武 82 13 金 |

설명이 필요 없는 팝의 황제, 마이클 잭슨의 사주다.

생시(生時)를 모르면 포국 자체를 할 수 없고, 생시에 따라 완전히 달라질 수 있는 기문둔갑의 특성상 우선 마이클 잭슨의 생시 설정에 대해 이야기할 필요가 있다.

마이클 잭슨의 탄생지인 인디애나 주 게리(Gary)의 위도에 따른 정확한 시간인지 여부와 서머타임 적용 여부까지 포괄해서 정해야 한다. 위도에 따른 시간으로 분배해야 하고, 서머타임이 적용된 시간이라면 서머타임이 적용되지 않은 시간으로 돌려놓아야 한다.

마이클 잭슨은 1958년 8월 29일 늦은 밤에 태어났다는 주장이 가장 많다. 먼저 그 스스로도 자서전에서 '자신이 밤에 태어났다'고 밝힌 바 있다. 자서전 등의 증언에 따르면, 대략 자정 전후의 시간인 듯하다. 그렇다면 가장 확률이 높은 시간은 29일 해시(亥時)와 다음 날 자시(子時)다.

이 기간은 DST(daylight saving time, 서머타임) 기간인데, DST 적용에 있어서도 마이클 잭슨이 태어난 지역이 시간 설정하는 데 골치 아픈 곳이라서(인디애나 주에서도 일부 지역은 서머타임을 적용하지 않는다고 한다) '해시'인지 '자시'인지 명확히 알기 어렵다. 태어난 시간으로 23시에서 24시 사이의 자정 가까운 시간이라는 기록이 가장 많이 떠도는 점, 그리고 이것저것 고려해서 시간에 따른 운대의 사주를 보았을 때 가장 확률이 높은 시간을 8월 30일 자시로 설정하여 보도록 하겠다.

마이클 잭슨의 생시일 확률이 높은 당일 해시와 다음 날 자시 중에서 이 시간으로 설정한 가장 큰 이유는, 이 사주가 수화충(水火冲)의 예술가적 기질이 가장 뚜렷하고 예술가, 특히 음

악적 재능이 너무나 극단적으로 풍부한 사주이기 때문이다. 거기다 손(孫), 즉 어린아이로 인한 성적인 명예훼손이 나타나 있는 것도 이 시(時)를 선택한 이유다.

복음(伏吟)이라 지독한 외골수에다 을병정(乙丙丁)의 삼기가 모두 갖추어진, 재능으로 치면 최고의 재능이다.

바탕이 물과 불이 부딪히는 수화충국이라 결단력이 대단하고 화끈하며 싫어하는 것은 때려죽어도 못 하고 좋아하는 것을 극도로 추구하며 사는, 매우 감성적인 성품이었을 것이다.

효수(爻數)는 음토(陰土), 태음(太陰) 등의 음효가 많이 있어 극단적으로 내성적이다. 거기다 머리와 바닥 모두 관귀(官鬼)에 시달리니, 아주 예민하며 자존심이 매우 강하다.

극관(剋官)의 특성상 불의를 보면 못 참는 성격에 지는 걸 싫어하는데, 이것이 무대 위에서는 강력한 지배력으로 나타날 수 있다. 또한 극관의 사주를 가진 댄서의 경우, 운동선수스러운 기질로 춤을 단련하여 대단히 뛰어난 춤꾼이 되는 걸 왕왕 볼 수 있다.

재능도 풍부하고 정인(正印)의 순수 학구파라 진지하고 깊은 자세로 음악을 하고 깊은 성찰을 이루는데, 기가 청정하진 않고 옥녀(玉女)각시, 음효(陰爻), 욕(浴)끼, 도화살(桃花殺) 등 잡끼가 대단히 많은 편이라 대중음악이 어울린다. 다만, 재능이 아주 많고 정인이 왕(旺)하니 이럴 경우 예술적 성취도 순수 예술 못지않게 깊고 높게 해낼 수 있다. 문(門)을 못 만난 옥녀각시는 세상을 혼란에 빠뜨릴 수 있다고 하는데, 이것이 마이클 잭슨에게는 대중음악계에 일대 혁명을 일으켜 세상에 혼란을 가져온 것으로 나타난 듯하다.

시기적으로 보면 명예를 얻을 수 있는 시기가 아주 일찍 와서 이미 3세부터 10세 사이에 인수운(印綬運)이라 하여 명예를 먹기 좋은 시기가 왔다. 이 시기에 마이클 잭슨은 순회공연을 대단히 많이 해서 유명세를 얻었다. 11~13세 때도 대단히 괜찮은 명예운의 시기여서, 아마 이때에도 큰 대박이나 명예를 누렸을 수 있다.

14~17세 때는 반항기로, 이때부터 일찍 독립하고픈 마음이 들었을 것이다.

18~22세 때는 비견겁운(比肩劫運)이라 하여 동료들과 함께하는 시기로, 이때까지는 형제와의 교류가 많았을 것으로 보이며 새로운 동료를 구하는 운도 좋다.

성인이 된 뒤로 명예를 얻기에 가장 좋은 시기는 23~28세(1980~85년) 때다. 재운(財運)은 원래 재생관(財生官)을 하므로 명예를 얻기 좋은데, 문괘(門卦)까지 좋으니 더할 나위 없는 시기였다. 이 시기에 괜찮은 여자도 많이 만나고 사랑하는 여자도 있었을 것이다. 그러나 사주 자체에 여자가 정식으로 나타나 있지는 않으므로 평소 여자에게 관심이 많지 않았을 것이며, 일에 집중하면 여자는 전혀 관심 밖이어서 여자를 허전하게 할 수 있다. 또한 여자 자리가 약해서 너무 잘난 여자를 만나기보다는 가정주부 역할만 해주는 여자를 만나는 것이 좋다. 하지만 여자 자리가 약할 경우 처음엔 오히려 튀는 여자를 좋아할 수 있다.

29~36세 때 역시 관운(官運)이라 명예를 날리고 재능을 인정받기 좋은 시기였다. 그러나 관 바닥에 들어가니, 이때부터 본격적으로 언론의 탄압이 있었을 것으로 생각된다.

특히 주목할 만한 사항은 37~45세 때의 쌍구(雙九)의 운이다.

두 금(金)이 필살로 부딪히니 그 자체만으로도 큰 말썽이나 시빗거리, 관재수(官災數) 등을 겪을 수 있는데 극관을 하고 욕(浴)끼까지 타고 있다. 목욕(沐浴)끼의 경우 성적인 추문이 발생할 수 있고, 구멍까지 뚫렸으니 흉이 가중된다. 37세 이후에 성적인 추문으로 내내 고생했을 것이다. 이 시기 내내 명예를 깎아먹는 일이 발생하는데, 극관에 관인상생(官印相生)이니 결과적으로는 승소할 수 있었다. 극관을 하니, 이럴 때는 합의 대신 강경 대응을 해야 한다.

또 이 시기는 손운(孫運)이라 여자를 쫓는 시기이기도 해서 결혼식을 올렸는데, 아마도 결혼 당시에는 진심이었을 것이다. 손운은 씨앗을 뿌리는 시기이므로 남자로서는 자손을 갖고 싶어 하는 시기이기도 하다. 다만, 손 위에 구금(九金)이 있고 구멍이 뚫렸으니 의학적 방법을 동원한 비정상적인 방법으로 자손을 갖거나 그런 논란에 시달리는 자손으로 나타난 듯하다. 어떠한 방법으로 가졌든 간에 손이 왕해 자손을 진심으로 사랑하며 매우 아꼈을 것이다.

그다음으로 주목할 만한 사항은 45~53세 때의 절명운(絶命運)이다. 천반(天盤)의 관귀운(官鬼運)인 데다 괘에 절명의 효수가 붙어 있으니, 이미 46세 이후부터 급격하게 건강이 나빠지기 시작하여 목숨의 위협을 받았을 것이다. 절명(絶命)의 관귀운이니 영락없이 절명 시기로 보는데, 관귀운이니 살해당할 가능성도 충분히 많다. 다만, 건강 상태 자체도 매우 안 좋았을 확률이 높다.

전반적으로 관귀가 너무 지나치게 왕한 사주로, 명예와 구설은 진저리가 날 정도로 충분히 겪을 수 있는 사주라 할 수 있다.

손이 왕하고 화(火)가 왕하니, 아마도 소문대로 인정 많고 따뜻한 성품을 가졌을 것 같다. 하지만 금목충(金木冲)과 수화충(水火冲)이 겹친 데다 신약(身弱)하여, 가까운 사람들에게는 아주 예민하게 굴고 심약하며 지나치게 감성적인 모습도 보였을 수 있다.

37세 이후의 쌍구 손운에서의 관재수와 45세 이후의 절명의 관운이 너무 결정적이어서 그렇지, 사주 자체는 자신의 재능으로 명예를 얻기에 좋다. 아마도 일에 대한 열정만 놓고 봐서는 행복한 인생이었을 것이라 믿고 싶다.

# 안젤리나 졸리, 브래드 피트, 제니퍼 애니스톤

## Angelina Jolie, Brad Pitt, Jennifer Aniston
### 할리우드에서 가장 유명한 삼각관계

# 奇門

陰曆: 1975年 4月 25日 辰時
陽曆: 1975年 6月 4日 辰時

| 9 | 8 | 8 | 2 | |
|---|---|---|---|---|
| 壬 | 辛 | 辛 | 乙 | 九 |
| 辰 | 巳 | 巳 | 卯 | 三 |
| 時 | 日 | 令月 | 火年 | |
| 5 | 6 | 6 | 4 | |

안젤리나 졸리
(Angelina Jolie)

Born on  4 June 1975
          at 09:09 (= 09:09 AM)
Place   Los Angeles, California,
        34n03, 118w15
Timezone   PDT h7w
   (is daylight saving time)

六局　上元　芒種　陽遁

| 火 〈世〉 迫 驚體 | 時支 五七 辛丙 帶建木 | 月支 英合 50 7 | 日干 制開氣 | 月干 十二 兄 旺 | 年殺 癸辛 火 | 歲馬 芮陳 75 30 | 金 迫 杜害 ○ 六儀擊刑 | 七五孫 病 | 己癸 衰 | 華 柱雀 土 63 39 |
| 日馬 傷歸 浴 | 歲支 六六 官 | 甫陰 丙丁 木 56 45 | 歲干 歲 貴 沖局 | 九三 父 | 乙 土 90 10 | 歲亡 日劫 和 死命 ○死 | 二十孫 | 戊己 金 | 心地 78 27 |
| 木 和 景魂 | 天馬 一一 鬼 生養土 | 華 沖蛇 丁庚 76 28 | 時干 休德 祿 | 八四 財 胎 | 年殺 庚壬 水 | 任直 宜 71 34 | 水 和 生宜 胞墓 | 三九 財 | 壬戊 金 | 歲劫 日亡 蓬天 81 19 |

① 안젤리나 졸리

고전 시대의 섹스 심볼로 마릴린 먼로가 있다면, 현대 시대의 섹스 심볼은 안젤리나 졸리다. 현대를 대표하는 최고의 섹스 심볼, 안젤리나 졸리의 사주는 어떠할까?

사주 흐름은 의외로 할리우드 스타들에게서 아주 흔하게 발견되는(?) 관인상생(官印相生)의 사주다. 불같고 다이내믹하고 간이 크고 담대한 성격이며, 도화살(桃花殺)과 팜므파탈 기질이 있다. 새삼스러울 것도 없이, 널리 알려진 안젤리나 졸리의 모습이나 성격과 별반 다를 바 없다. 워낙 양(陽)한 성격이라 내숭이 별로 없기도 하다. 때문에 세상에 알려진 모습과 의외로 다른 점이 별로 없어 보이기까지 한 사주다.

매우 신왕(身旺)한 양화(陽火)의 성격 특성상 불같고 과감하

안젤리나 졸리 169

고 모든 일에 두루 능하고 성질이 매우 급하며 총명하고 호탕하다. 왕한 불은 구설화란(口舌禍亂)을 뜻하는데, 문괘(門卦)까지 또 구설수를 만나니 평생 동안 구설수를 달고 살 팔자다. 구설의 모양새가 좋지 않으니 그걸 이용하여 오히려 노이즈 마케팅이 잘 통하는 사주다. 또한 불이 너무 왕하면 육친불목(六親不睦, 식구들과 서로 사이가 좋지 않음)한다는데, 거기다 재극인(財剋印)으로 부모 자리와 필살로 싸우고 있어 부모와 인연을 끊은 것으로 나타났다.

충국(冲局)의 특성상 한 번 시작한 일은 끝장을 보고 지지부진하거나 아리송한 꼴은 참지 못하므로, 이런 사람은 인연을 끊으면 호적까지 파버려야 직성이 풀린다. 하지만 결국에는 상생(相生)으로 돌아오므로 극단을 찍고 나면 종국에는 화해하는 것으로 보인다. 충국의 특성상 반드시 극단은 찍지만 말이다.

전체 충국으로 평생을 다이내믹하게 사는데, 일단 행동부터 하고 생각은 나중에 하는 성격이다. 따라서 생각한 바는 그게 어떤 것이든 곧바로 저지르는 용단성이 있다. 용맹과감(勇猛果敢)하나 관인상생이기 때문에 보기보다 심하게 위험한 일 앞에서는 몸을 사리는 편으로, 매우 영리하고 여우 같은 면도 있다. 비즈니스를 하더라도 크게 손해 볼 일은 잘 하지 않는다.

다만, 너무 태왕(太旺)한 불이라 반드시 남에게 베풀어야만 자신이 살 수가 있다. 베풀지 아니하면 자기가 자신을 태워버리고 지나친 구설에 스스로 휩싸이는데, 베풂으로써 제정신으로 돌아올 정도로 베풀기가 반드시 필요한 사주다. 어차피 많이 베풀어도 넉넉하게 자기 것을 보유하고 있으며, 베푼 것이 결국 돌아서 자신에게 온다.

패란(悖亂)의 반역자 풍모가 있어 기존의 질서나 관습을 가볍게 알고, 그것을 과감히 깨부수는 것을 좋아한다. 승화되면 낡은 폐습을 바로잡는 모습을 보이기도 한다.
　패란에 남자의 자리가 자형으로 싸우고 있어, 남자를 차지할 때마다 늘 누군가와의 싸움으로 얻거나 필살의 말썽을 겪어야 하고, 또한 그렇게 차지한 남자가 오래 가는 편이다. 집안에 이혼수가 있어 여러 번의 이혼을 하는데, 스스로는 집안의 평화를 바라고 집안이 깨지는 꼴을 보기 싫어하므로 이혼할 때마다 정신적 타격이 컸을 수가 있다. 그러나 행동을 먼저 하고 생각은 나중에 하는, 소위 '지르는' 성향이 강해 결혼도 잘 지르고 이혼도 잘 지른다. 본래 성격은 집안의 화합을 바라므로 지금에 와서는, 특히 친자식을 낳은 뒤에는 아마 필사적으로 집안의 화합을 깨지 않으려 할 것이다.
　자형으로 인해 늘 필살의 말썽 끝에 남자를 얻기는 하나, 관인상생에다 도화살까지 있어 한 번 점찍은 남자는 결국 차지하고 만다. 그리고 보기보다 남자에게 대단히 잘하고 연애를 잘하기 때문에, 한 번 내 것으로 만든 남자는 잘 안 놓치는 편이다. 다만, 관살혼잡(官殺混雜)으로 천박한 탁명(濁命)이라 한 남자만으로는 만족하지 못할 수 있는데, 배우를 하며 작품 속에서 여러 남자를 만나므로 액땜이 될 수 있다. 만일 연기를 하지 않았다면 대놓고 여러 남자를 만나는 유형일 수 있다. 현재도 지금의 남자를 사랑하는 동시에 다른 남자에게 끌리는 마음을 느낄 수도 있으나, 아마도 남자의 자리를 지키고 집안의 화합을 지키기 위해 자제하는 것일 수도 있다.
　10대 초반의 어린 시절부터 관(官)과 인연이 많아 명예를 쌓

안젤리나 졸리

을 일이 있었고, 일찍부터 만나는 남자가 있었을 수 있다.

그녀의 사주를 보면 자신에 비해 남자 자리가 약하다. 이런 여자는 남자를 재생관(財生官)하여 보해 주는 시절에 만나는 남자가 가장 좋은데, 그 시기가 11~19세 때의 재운(財運)과 31~34세 때의 재운이다. 이때 만난 남자가 인생에서 가장 적절한데, 10대 시절은 너무 어렸으므로(그래도 이때 첫 동거를 했다고 알려져 있다) 인생의 남자를 31~34세 때 만났다.

충국답게 31세의 재운에 들어서자마자 만난 브래드 피트를 곧바로 자기 인생의 남자로 선택해서 만들어 버린 것이 재미있다. 충국의 경우 성질이 급한 것이 사주에서도 드러나서 해당 유년(遊年)의 운에 들어가기가 무섭게 관련 사건을 벌이는 경우가 많다. 아마도 인생의 남자라고 결정짓는 시간은 길지 않았을 것이며, 결정하자마자 유혹·교제·임신까지 급한 성격답게 일사천리로 진행했을 것이다.

31~34세 무렵인 열애 초기에는 성심성의껏 자신의 남자를 모셨을 것인데, 35세 이후부터는 손운(孫運)이라 다소 갈등 양상을 보였을 수 있다. 그러나 인생의 남자를 만난 이상 절대적으로 가정의 화목을 바라는 편이다.

35~39세 때 질병에 걸린 사람은 필히 사망한다는 흉격(凶格)이 있어, 만일 과거 같았으면 유방암으로 생명의 위협을 느꼈을 수 있다. 하지만 의술이 발달한 현대에는 수술 등을 위해 마취했다가 깨어나는 것도 죽는 흉내를 낸 것으로 친다. 과거라 할지라도 신왕이라 죽음까지는 가지 않았을 것인데, 징조가 나타난 것으로 봐서는 개인적으로 꽤 심각한 상태였을 수 있다.

외부에서 데려온 자식과 인연이 깊으니 입양을 자주 하는데,

입양을 많이 해도 결국 그것이 자신을 위하는 일이 된다. 이런 사람은 키울 여력만 되면 입양을 많이 해도 인생에 득이 됐으면 됐지 해가 되진 않는다. 오히려 입양한 자식 중 대성하여 자신을 보필하고 부양하는 자손이 나타날 수도 있다.

19세 때까지는 나름대로 즐거웠을 것이나, 20~27세 때 반항기가 심하게 와서 긴긴 방황기를 겪었을 것이다. 이때엔 극관을 하므로 남자가 자주 바뀌고, 어떤 남자든 자기 밑으로 보게 된다. 이때 아이에 관(官)한 효수(爻數)에 절명(絶命)이 있어 만일 임신했다면 아이를 잃었을 텐데, 반대로 죽을 뻔한 아기를 자신의 아이로 삼는 것으로 나타났다. 아이 자리에 구멍이 뚫려 있어 비정상적인 방법으로 갖는 아기, 즉 입양이나 시험관 아기 등과 인연이 깊다. 구멍 뚫리고 죽음의 효수가 붙어 있는 아이가 나타난 시기에 죽을 뻔한 아기를 입양한 것이 흥미롭다. 기사회생한 아이를 보며, 그런 경험이 없다 해도 마치 과거 자신의 죽은 아이가 되살아나 눈앞에 나타난 듯한 기분을 느꼈을 수 있다. 31~34세 때는 좀 전에 말한 대로 인생의 남자는 만날 수 있으나, 재운이라서 재극인의 특성상 부모와의 사이는 최악이 될 수 있다.

연예인답게 사회생활의 모양새가 매우 화려하며, 이런저런 친구들과 어울리는 것을 좋아한다.

천망(天網)에 쌓여 있는데, 망에 쌓인 사람은 중독성 있는 물질의 유혹에 쉽게 빠지므로 마약 등에 손댔던 것으로 보인다. 그러나 신왕의 관인상생 특유의 강인한 풍모로 극복해 냈는데, 망에 쌓인 사람은 중독물질의 유혹에 지속적으로 마음이 동할 수 있으므로 주의해야 한다.

안젤리나 졸리

40~45세 때는 전 남자를 비롯해 수많은 남자들이 다가오므로 마음이 흔들릴 수 있는데, 남자 관련 변동 사항이 좋지 않으므로 마음을 다잡아야 한다. 이때 탁명에 어울리는 여러 남자를 만나는 역할, 즉 창녀, 팜므파탈 등의 배역을 맡는 것이 좋다.

46세 이후로 다시 손운이라 씨를 뿌리고 싶어 하므로, 자식을 또 갖고 싶어 할 수 있다. 하지만 나이가 나이인지라 입양으로 그 뜻을 이룰 수 있다. 이때 은퇴를 결심하고 봉사 활동에 전념하려 할 수 있는데, 방송계 명예와는 평생 인연이 깊다. 또는 봉사 활동을 위한 은퇴가 아닌, 감독으로의 전향 시기일 수도 있겠다. 어쨌든 자신의 얼굴이 화려하게 비춰지는 것을 좋아하므로 연예계 활동은 지속적으로 하는 것이 좋다.

실제로는 서구인이지만 동양적인 기질이 고도로 많아, 철학이나 기질은 매우 동양적인 편이다.

건강은 몹시 튼튼하나 필살로 금목충(金木冲)을 하고 있기 때문에 가학적 성품이 있고, 수술하는 일이 잦으며, 뼈 문제도 주의해야 한다. 수술 효과가 대단히 좋으므로 수술 경과는 좋았을 것으로 보인다.

奇門

陰曆: 1963年 11月 3日 卯時
陽曆: 1963年 12月 18日 卯時

| 6 | 2 | 1 | 10 |
|---|---|---|---|
| 己 | 乙 | 甲 | 癸 | 一 |
| 卯 | 未 | 子 | 卯 | 八 |
| 時 | 日 | 令月 | 水年 | |
| 4 | 8 | 1 | 4 | |

一　上　冬　陽
局　元　至　遁

브래드 피트
(William Bradley Pitt)

Born on 18 December 1963
　　　　at 06:31 (= 06:31 AM)
Place　Shawnee, Oklahoma,
　　　　35n20, 96w56
Timezone　CST h6w
　　　　(is standard time)

| 火 歲馬 | 日干 | 金 <世> 時干 | 華 |
|---|---|---|---|
| 制 生命 七二父 辛辛 甫地 82 6 | 和 傷害 二七父 乙乙 英天 62 36 | 義 驚氣 九十 己己 芮直 54 3 | |
| ○旺 | 衰 木 | 建 | 浴 六儀擊刑 帶 土 |
| 時支 歲支沖雀 | 伏祿 | 天馬 | 伏歲亡 伏日亡 |
| 制 死魂 八一財 庚庚 90 4 | 一八鬼 壬 | 義休體 四五兄 丁丁 柱蛇 69 23 | |
| 木 | 和 局 | 75 14 土 | 生 金 |
| 木 | 月干 | 年殺 歲劫 日劫 | 月支 |
| 義 開歸 三六財 丙丙 任陳 65 29 | 義 杜宜 十九孫 戊戊 蓬合 60 45 | 歲干迫 五四孫 癸癸 景德 心陰 74 18 | |
| 死墓 | 土 | 貴 胞 水 | 胎 養 金 |

브래드 피트 175

## ② 브래드 피트

브래드 피트는 카리스마 있고 남자다운 외모와는 달리 의외로 화국(和局)이라 말썽, 다툼, 싸움을 싫어하고 둥글둥글하게 살자는 평화주의자 성격이다. 나름대로 화끈한 면도 있으나, 보기보다 성격은 내성적인 면도 있다. 대체로 성격이 모나지 않고 털털한, 사람 좋은 유형이다. 다만, 배우답게 아주 예민한 성격도 갖고 있다.

표면은 온화하나 내심은 강한 편이고 영특하며, 무언의 실천자 기질로 본심이 꽤 비장한 편이다. 투자 감각은 별로 없으나 은근한 저축심이 있는 편이다. 사업에 뜻을 둘 수 있는데, 지나치게 큰 사업은 벌이지 않는 것이 좋다.

서양 스타들에게 흔히 나타나는 관이 매운 왕한 사주인데, 알게 모르게 인맥관리도 잘하고 자기 것도 은근히 잘 챙기는 편이다. 특히 비공식적인 자리에서 인연을 맺는 사람들이 많아서, 술자리나 파티 같은 사적인 자리에서 알게 되거나 친해지는 인맥들이 꽤 많을 수 있다.

끼가 많은 데다 관귀(官鬼)가 왕해서 연기적 재능이나 카리스마는 충분한 편이며, 순발력도 강하나 은근한 노력파다.

사춘기는 10대 후반에 시작되었고, 이때부터 학업을 때려치우고 일찍부터 연기에 뜻을 두었을 수 있는데, 특히 19~23세 때 연기에 뜻을 둔 끼 많은 친구들을 많이 만났을 것이다.

24~29세 때는 이름을 날릴 수 있는 기회를 얻고, 그의 인생에서 중요한 여자를 만나기도 한다.

인생의 최전성기는 비교적 한창 나이인 30~36세 때 오는데, 이 시기에 최대의 명성을 쌓을 수 있다.

37~45세 때에는 손운에 들어가, 자기 눈에 콩깍지를 씌우는 여자를 만나게 된다. 또한 자손운(子孫運)이라 아마도 이때 이혼과 여자를 선택하게 된 데는 자식이 꽤나 영향을 미쳤을 수 있다. 원래의 여자 변동수는 좋지 않은 편이나 여자 자리에 말썽거리가 붙어 있어 여자 관련 말썽은 반드시 겪을 수 있고, 원래의 일지상의 이혼수도 붙어 있어 이혼은 충분히 겪을 수 있는 사주다.

여자 취향은 다소 독특한 편이며, 영리한 여자를 좋아하고, 여자와의 관계에서는 호구 기질이 다소 있다. 나쁜 여자, 여우 같은 여자에게 특히 잘 끌린다. 더욱이 37세부터 54세까지 장장 18년 동안 여자에게 매우 잘해 주는 시기가 와서 현재 여자에게 많이 져 주는 편일 수가 있다. 또한 자손운 시기라 지금까지도 계속 자식 욕심이 많다.

그럼, 안젤리나 졸리와의 궁합을 보도록 하자.

안젤리나 졸리는 관인상생이고 브래드 피트는 식신생재(食神生財)로서, 역시 흔하게 볼 수 있는 유형의 궁합이다.

거기다가 브래드 피트는 가장 성격이 부드럽고 순하다는 화국이고, 안젤리나 졸리는 가장 성격이 과격하다는 충국으로, 이것 역시 흔하게 볼 수 있는 유형의 궁합이다. 성격 유한 화국은

피곤한 성격의 원진국(怨嗔局) 혹은 충국 등에게 재미와 매력을 느끼며, 성격이 과격한 충국은 자신의 과격한 성격을 받아 줄 만한 둥근 성격의 화국에게 끌리는 경향이 있다. 특히 여자 충국과 남자 화국이 만났을 경우, 남자가 여자의 성격을 받아 줄 수 있을뿐더러 그런 여자를 재미있다고 생각할 수 있어, 실제 임상에서도 이런 궁합을 흔히 접할 수 있다.

다만, 아쉬운 점은 브래드 피트가 신약(身弱)이므로 여자 사주에서 남자 자리가 왕한 여자를 만나는 것이 좋은데, 안젤리나 졸리의 사주를 보면 남자 자리가 심하게 약하진 않지만 그렇다고 왕한 편도 아니다.

그나마 다행스런 점은 브래드 피트의 여자 자리도 몹시 약해서 여자가 오래 붙어 있지 못할 수가 있어 일지(日支)가 몹시 왕한 여자를 만나는 것이 좋은데, 안젤리나 졸리는 일지가 왕한 편이다. 그래서 브래드 피트 옆에 가장 오래 붙어 있는 여자가 될 수 있을 것이다.

브래드 피트 자체가 원래 나쁜 여자에게 잘 끌리기 때문에 안젤리나 졸리가 가지고 있는 나쁜 여자 이미지가 오히려 큰 매력으로 작용했을 수가 있다. 그것 외에도 한창 아이 욕심이 있는 시기에 만났기 때문에 그녀가 입양아를 키우는 모습 등에 끌렸을 수가 있다.

두 사람의 사회가치관은 원래 꽤 다른 면이 있었을 것이며, 안젤리나 졸리의 설득에 의해 변화되어 갔을 수가 있다. 이것은 다음에 볼 제니퍼 애니스톤 역시 마찬가지다.

둘 다 서로의 이성 자리는 약하여 서로를 선택함에 있어서 포기해야 할 것들이 있었을 것이나, 전반적인 궁합 자체는 잘 맞는 편이다. 더군다나 둘 다 이성의 자리가 중첩이라 둘 다 바람기가 있다. 보통 두 사람의 사주가 비슷할 때에는 서로를 감당해 낼 수 있으므로 맞는 것으로 보기도 한다.

두 사람 관계에서 키를 쥐고 있는 사람은 브래드 피트가 아니라 안젤리나 졸리일 가능성이 크다. 아마도 안젤리나 졸리가 남자를 바꾸려 하지 않는 한 끝까지 함께 갈 수 있는 궁합으로 봐야 할 것이며, 평생 함께할지의 관건은 아마도 브래드 피트의 바람기가 아닌 안젤리나 졸리의 변덕일 것이다(안젤리나 졸리는 남자의 바람기 정도는 감수하고 다룰 줄 아는 편이다).

사업 감각은 브래드 피트보다는 안젤리나 졸리가 한수 위이므로, 사업에 관한 한 안젤리나 졸리의 충고에 귀 기울이는 것이 좋을 듯하다.

## 奇門

陰曆: 1968年 12月 25日 亥時
陽曆: 1969年 2月 11日 亥時

| 8 | 4 | 3 | 6 | |
|---|---|---|---|---|
| 辛 | 丁 | 丙 | 己 | 三 |
| 亥 | 巳 | 寅 | 酉 | 四 |
| 時 | 日 | 令月 | 木年 | |
| 12 | 6 | 3 | 10 | |

五局　中元　立春　陽遁

제니퍼 애니스톤
(Jennifer Joanna Aniston)

Born on   11 February 1969
       at 22:22 (= 10:22 PM)
Place   Los Angeles, California,
        34n03, 118w15
Timezone   PST h8w
        (is standard time)

| 火 <世> | | | 年殺 | 歲劫劫 | 金 | | 歲馬 日馬 |
|---|---|---|---|---|---|---|---|
| 傷歸 | 九八 | 庚乙 | 柱陰 | 和杜德 | 四三兄 | 己壬 | 心合 | 日干義 | 開宜 | 一六父 | 癸丁 | 蓬陳 |
| 浴 | 帶 | | 木 54 8 | 生 | | 火 69 27 | 貴 | | 胎 | 養 | | 土 63 38 |
| 月干迫 | 天馬 | | | | 伏歲 伏日 亡亡 | | | 歲支 | | | | |
| 驚體 | 十七孫 | 丁丙 | 芮蛇 | | 三四鬼 | | 戊 | 和生魂 | 六一父 | 辛庚 | 任雀 |
| 祿 | 建 | | 木 62 45 | 怨嗔局 | | | 土 90 12 | | 胞 | | 金 80 22 |
| 木時干制 | 華 | | 月支 | | | | | 水歲干和 | | | | 時支沖地 |
| 休命 | 五二孫 | 壬辛 | 英直 | 制景氣 | 二五財 | 乙癸 | 甫天 | 死害 | 七十財 | 丙己 | |
| ○ | 旺 | 衰 | 土 74 24 | ○ | | 病 | 水 65 32 | 死墓 | | | 金 87 21 |

### ③ 제니퍼 애니스톤

 브래드 피트의 현재 여자(안젤리나 졸리)가 관인상생이란 점에서, 전 여자인 제니퍼 애니스톤도 관인상생이 아닐까 생각했었다. 보통 관인상생 여자를 만나는 남자는 관인상생만 만나는 경우가 많기 때문이다. 거기다 제니퍼 애니스톤이 시댁과도 잘 지냈다는 점에서 관인상생에 하나 더 붙여 재생관인상생(財生官印相生)이 아닐까 예상했는데, 그 예상대로 제니퍼 애니스톤은 재생관인상생이다.
 또한 화국 식신생재의 남자가 만나는 여자가 흔히 그러하듯,

애니스톤 역시 편한 성격은 아니고 매우 까다롭고 변덕스러운 성격이다.

제니퍼 애니스톤은 중궁관(中宮官)에 세지인수(歲支印綬)로 관인상생이 되어, 잘나가는 연예인의 전형적인 사주다. 고도로 사회생활을 잘하고 끼도 아주 많은, 매우 성실하고 매력적인 연예인이다. 또한 그녀는 연예인이 안 되고 공부나 직장생활을 했더라도 높은 수준에 이르렀을, 전형적인 유능한 엘리트 사회인 사주다.

그런데 원진국에 일지(日支)도 원진(怨嗔)에 놓여 있어서, 성격은 보기보다 대단히 피곤하고 까다로운 유형이다. 이것은 연기를 할 때 대단한 섬세함으로 승화될 수 있다.

또한 일간(日干)에 등사요교(螣蛇妖嬌)의 흉격이 붙은 것이 인상적인데, 이럴 경우 요사스런 변덕스러움까지 있어서 성격적으로 피곤한 면도 많았을 것이다. 그러나 등사요교는 연예인의 경우 대단한 끼로도 승화될 수 있다.

이외에도 태음(太陰), 목욕살(沐浴殺) 등 끼와 관련된 효수가 대단히 많은 데다 관인상생이라, 끼와 성실함을 모두 갖추고 있다. 즉 아주 매력적이고 끼 많은 배우의 사주다.

거기다 까다롭다고는 하나 사회생활을 아주 잘하는 유형이기 때문에, 오히려 소속된 프로젝트 내에선 매우 센스 넘치게 전체 프로젝트를 잘 이끌어 갈 것이다.

남자관계를 보면 관이 왕한 데다 재생관을 하므로 남자에게 대단히 잘하면서 관인상생 특유의 여우 같은 면이 있다. 연애를 매우 잘한다.

그러나 극관을 하므로 은근히 기가 센 기질도 있는 편이고,

때에 따라선 용서를 모르는 냉정한 성품도 나올 수가 있다.

인생에서 가장 사랑하는 남자를 만나는 시기는 28~32세 때다. 이때 대단히 아름답고 잘 통하는, 인생 최고의 연애를 할 수 있다. 아마도 브래드 피트와 더할 나위 없는 연애를 했을 것으로 보인다.

이별 시기가 인수운(印綬運)인 게 의외인데, 이때에 등사요교의 흉격이 있어 요사스런 일을 겪을 수 있다. 그것이 이혼으로 나타났는데, 인수운인 걸로 봐서는 둘 사이에 감정이 나빠지거나 관계가 뒤틀리는 일 없이 어떤 요사스런 사건으로 인해 헤어졌을 것이다. 더군다나 도식(倒食)을 하는 것으로 봐서는 이혼과 이별의 원인이 남녀 간의 사랑이 식었다기보다는 아이 때문이었을 가능성이 클 것이다. 인수운이라서 남자를 붙잡으려는 노력은 했을 수 있으며, 이별로 인한 재물적·명예적 손해는 전혀 없었을 것이다.

39~45세 때는 손운으로 자식을 갖고 싶어 하는 시기다. 이때 서로 잘 통하는 남자를 만나나, 구설 및 파파라치 같은 귀찮은 주변 징조들로 인해 결혼에 다소 차질이 빚어질 수 있다. 또한 어떤 남자를 만나든 다소 마음에 덜 차는 시기이기도 하다. 원래 운에서도 자손궁(子孫宮)에 구멍이 뚫려 있으므로, 현재 시기에 아이를 갖지 못한다면 영영 아이는 없을 수도 있다.

46세 이후로 남자운 및 명예운이 9년간 매우 길게 오므로, 연애나 일에 있어서는 그다지 부족함이 없을 것으로 보인다.

이미 해단한 적이 있는 브래드 피트와의 궁합을 보도록 하자. 브래드 피트는 화국에 식신생재로, 성격은 좋으나 연애에서는

다소 호구 스타일이다. 제니퍼 애니스톤은 원진국에 관인상생으로, 성격은 까다롭고 피곤하나 연애에서는 다소 여우 스타일이다. 이 둘 역시 전형적인 궁합이다.

제니퍼 애니스톤도 자신의 성격을 받아 줄 남자가 필요한 유형이다. 졸리나 애니스톤 모두 피곤한 성격이라고는 하나, 애니스톤은 원진국이라 신중하다 못해 우유부단한 면도 있는 편이라 졸리의 극단적인 화끈함과 대비된다. 아마도 그런 면에서 브래드 피트는 졸리에게 더 끌렸을 가능성도 있다.

흥미롭게도 애니스톤은 관이 왕한 관인상생으로, 사실 다소 신약한 브래드 피트 입장에서는 애니스톤이 더 어울리는 여자다. 그러나 브래드 피트의 사주를 보면 여자 자리가 매우 약하므로, 신약한 애니스톤보다는 매우 신왕한 졸리 쪽이 훨씬 오래 버틸 수 있는 여자가 될 수 있다.

또한 사주를 보다 보면 의외로 자신에 비해 관이 이렇게 지나치게 왕해서 관인상생을 하는 경우, 남자관계에서 결코 손해를 보진 않지만 결국 버림받거나 하여 감정적으로 크게 상처받는 일이 종종 있다는 것이다.

거기다 일지에서 극원진에 놓여 있기 때문에, 이럴 경우 연애할 때는 좋아도 한 집에 같이 살게 되면 결국 사이가 틀어지는 일이 생기기도 한다. 또한 일지상의 경금(庚金)도 보기도 한다. 하지만 헤어진 시기가 인수운이라, 일련의 사건이 벌어지기 전까지는 아마도 둘 사이는 상당히 좋았을 가능성이 크다.

어쨌든 사주 자체는 재생관인상생으로, 연애에서는 가끔 상처받는 뒤끝은 있을 수 있어도 연애에서나 일에서나 손해 보거나 부족함은 없는 인생을 보낼 수 있는 사주다.

# 조니 뎁

Johnny Depp

연기파 미남 배우

## 奇門

陰曆: 1963年 閏 4月 18日 辰時
陽曆: 1963年 6月 9日 辰時

| 3 | 10 | 5 | 10 | |
|---|----|---|----|---|
| 丙 | 癸 | 戊 | 癸 | 一 |
| 辰 | 未 | 午 | 卯 | 六 |
| 時 | 日 | 令 | 年 | |
| 5 | 8 | 7 | 4 | |

六局　上元　芒種　陽遁

조니 뎁
(Johnny Depp,
John Christopher Depp II)

Born on  9 June 1963
　　　　 at 08:44 (= 08:44 AM)
Place   Owensboro, Kentucky,
　　　　 37n46, 87w07
Timezone   CST h6w
　　　　　　 (is standard time)

| 火　時干<br>制　死<br>害　浴<br>　六儀擊刑 | 七十財<br>癸丙<br>帶 | 時支芮直<br>82<br>木 18 | 制　驚<br>命 | 二五財 | 月支柱蛇<br>己辛<br>62<br>火 38 | 金華<br>〈世〉<br>迫　傷<br>體 | 九八<br>○ 胎 養 | 日干<br>戊癸<br>土 | 心陰<br>54<br>8 |
|---|---|---|---|---|---|---|---|---|---|
| 制　生<br>宜 | 八九官<br>辛丁<br>建　木 | 歲支英天<br>劫劫<br>歲日劫<br>90<br>木 17 | | 一六<br>怨嗔局 | 乙<br>父<br>75<br>土 24 | 天馬<br>迫　景<br>氣 | 四三兄<br>○ 胞 | 壬己<br>金 | 蓬合<br>歲亡<br>日亡<br>69<br>29 |
| 木<br>迫　杜<br>德 | 三四鬼<br>丙庚<br>旺 衰 土 | 甫地<br>65<br>33 | 和　開<br>魂 | 年殺<br>十七孫<br>病 | 丁壬<br>60<br>水 45 | 水　月干<br>義　休<br>歸<br>貴 | 五二孫 | 庚戊<br>死 墓 金 | 任陳<br>歲馬<br>日馬<br>74<br>26 |

조니 뎁은 관귀(官鬼)가 왕(旺)하면서 그 관귀가 재물을 달고 자신에게 싹 몰아주는, 전형적인 잘나가는 연예인의 사주를 가지고 있다.

소싯적에 순수 예술가스러운 모습을 지향한 적도 있으나, 그것은 아마도 아름다운 명예를 원하는 자존심 때문에 그랬을 것이다. 원래 기질은 약간의 단서로도 풍부한 응용을 해내는, 응용력이 아주 좋은 유형이다.

관인상생(官印相生) 특유의 엄청난 책임감을 지녔고, 맡은 바 임무는 기대한 것보다 몇 배로 해내는 탁월한 성실함과 분석력을 가진 배우이며, 인복이 아주 좋아 천재적인 감독들의 사랑을 매우 많이 받을 수 있다. 자신에게 도움이 되는 사람, 능력이 좋은 사람을 알아보고 그 사람에게 사랑받는 면모가 천부적으로 뛰어나다.

다시 말해 조니 뎁은 마치 자유로운 광대이자 괴짜처럼 보이지만, 의외로 사회생활을 고도로 잘하는 여우 같은 유형이다.

거기다 원진국(怨嗔局)이라 보기보다 대단히 까다롭고 편협한 성격일 수 있다. 하지만 이 까다로움은 연기할 때는 대단한 섬세함과 완벽주의자적 모습으로 승화될 수 있다.

관귀가 왕한데 조니 뎁 자신은 신약(身弱)인 사람의 특성상 연기할 때는 자신의 모습을 완전히 지우거나 버리고 다른 사람으로 승화되기도 한다(안젤리나 졸리처럼 신왕일 경우 자기 자신을 유지한 채 연기를 하기도 한다).

집안에 구멍이 뚫려 있어 자유로운 영혼을 꿈꾸는 면이 좀 있으며, 집안에 틀어박혀 지내는 것을 싫어한다. 하지만 의외로 안전주의자로, 위험한 일이나 정도를 벗어난 일은 좀체 잘 하려

조니 뎁 187

들지 않는다.

관인상생 특유의 인복과 운으로 인해 유명세를 얻기가 남들보다 수월하였다. 특히 10대 후반부터 20대 초반 사이에 연예인으로서 좋은 운인 인수운(印綬運)이 와서, 일찍부터 이름을 떨칠 기회를 얻을 수 있었다. 일찍부터 감독의 사랑을 받는 배우였을 것이다.

재물운과 명예운 모두 좋은 편이고 여자도 무척 많이 따르는 사주인데, 성격이 소탈하고 강인하며 얼굴이 예쁜 여자를 좋아한다. 자신이 많은 것을 해줘야 하는 나약한 여자보다는 이미 많은 것이 갖춰진 강한 여자를 좋아하는 취향일 수 있다.

20대 후반에도 결혼할 기회나 생각이 있었을 수 있으며, 30대 전후로도 꼬이는 여자가 대단히 많았을 것이다.

34~38세 때 여자운에 직접 들어가기 때문에, 이때 인생의 여자를 선택한 것으로 보인다. 다만, 이 시기에 여자로 인해 한순간에 아차 실수를 하게 되는 징조가 나온다. 아마도 임신 자체는 애초 계획했다기보다는 실수였을 수가 있다. 하지만 그다음 운이 자손운(子孫運)인 데다가 여자에게 잘해 주는 시기로, 아마도 45세 때까지는 여자와 별 문제 없이 사이좋게 지냈을 수가 있다.

또한 손운(孫運)은 원래 연예인에게 좋은 운으로 보지 않으나, 39~45세 때의 손운은 통기(通氣)를 중요시하는 기문학에서는 원상통기(圓狀通氣)의 시기이므로 오히려 제2의 전성기를 맞이할 수 있었다. 손운이기 때문에 〈캐리비안의 해적〉이라는 작품을 선택한 배경에는 자녀가 있었던 듯하다. 즉 자녀가 볼 수 있는 영화에 출연하고 싶었다는 그의 말은 사실인 것이다.

46세 이후로도 관운(官運)이기 때문에 연예인으로 활동하기에는 괜찮다. 다만, 46세 이후로 원진살(怨嗔殺)에 들어가면서 집안 갈등이 불거졌을 수 있다. 결국 갈등 상황을 이겨 내지 못하고 결별했는데, 여자에게 인색한 유형은 아니어서 재산 등은 잘 챙겨 주었을 것으로 보인다. 워낙 여자에게 잘해 주는 좋은 남자는 아니어도 인색한 유형은 아니다. 어쨌든 46~54세(2008~16년) 때의 9년간은 가정사가 별로 좋지 않다. 평생 여자가 잘 따르는 사주인지라 언제나 여자 없이 살진 않을 터인데, 원래는 45세 이전에 만난 여자가 자신에게 더 괜찮다.

55~60세 때에 후반 여자운에 들어가니, 이 시기에 후반기를 함께할 여자를 선택할 수 있다.

이 사주로 봐서는 평생 명예에 시달리며 피곤하게 살 운명이다. 특히 54세까지 관운이기 때문에 은퇴하지 않고 활발히 활동할 것으로 보인다. 만일 은퇴한다 해도, 과거에 장국영이 그랬던 것처럼 막상 조용하게 살아 보니 너무 심심해서 금방 다시 연예계로 돌아올 가능성이 많다. 이 사주로는 너무 심심하게 살다가는 우울병에 걸리기 쉽다.

최근 가정폭력 사건으로 구설수에 휩싸였는데, 원래부터 여자에게 좋은 남자는 아니어도 여자를 짓밟는 남자는 아니다. 아마도 46~54세 때가 원진의 구금(九金) 관귀운(官鬼運)인 게 문제인 듯하다. 신약인데 원진의 관운이라, 이때 정신적 문제를 겪을 수 있다. 또한 관귀운에는 자신이 먼저 관귀 짓을 하기도 한다. 관귀운을 벗어나는 2017년쯤부터는 정신을 차리고 다시 여자를 만날 것이다. 원체 여자가 늘 따르는 유형이기도 하다.

# 우디 앨런

Woody Allen

한국인 양딸과 결혼한 세계적 거장

# 奇門

陰曆: 1935年 11月 6日 亥時
陽曆: 1935年 12月 1日 亥時

| 6 | 8 | 4 | 2 |
|---|---|---|---|
| 己 | 辛 | 丁 | 乙 |
| 亥 | 亥 | 亥 | 亥 |
| 時 | 日 | 令月 | 年 |
| 12 | 12 | 水12 | 12 |

二三

四局 上元 大雪 陰遁

**우디 앨런**
(Woody Allen,
Allen Stewart Konigsberg)

Born on 1 December 1935
at 22:55 (= 10:55 PM)
Place Bronx, New York,
40n51, 73w54
Timezone EST h5w
(is standard time)

| 火 和休體貴 八七鬼 六儀擊刑 癸戊 養 | 任天 生 木 61 42 | 制開氣 浴 | 三二官 | 歲馬日馬 沖地 | 己壬 81 20 | 金華 迫杜害 建帶 | 十五父 | 戊庚 土 | 甫武 77 29 |
| 時干義 ○ | 景歸 胎 | 九六孫 | 辛己 木 | 蓬直 70 35 | 歲干 刑破局 | 二三財 | 乙 土 | 53 45 | 月干和 旺 | 生命 | 五十父 | 壬丁 金 | 英虎 90 17 |
| 木 迫傷魂 ○ 胞墓 | 四一孫 | 天馬 | 丙癸 土 | 心蛇 85 18 | 日干和祿 | 驚德 死 | 一四兄 | 丁辛 水 | 柱陰 78 24 | 水 〈世〉和 病 | 死宜 | 時支六九 | 月支 庚丙 衰 金 | 歲劫日劫 芮合 51 9 |

우디 앨런은 위대한 배우이자 감독이며, 우리나라에서는 한국인 출신 입양딸 '순이 프레빈'과 결혼한 막장극의 주인공으로 더 유명하다.

사주를 보면 확연히 눈에 띄는 형파국(刑破局)의 삼형(三刑)을 볼 수 있다. 불규칙삼형(不規則三刑)이라고는 하나, 형파국에서 삼형의 경우 그 위력이 훨씬 무섭다. 지반(地盤)은 금목충(金木冲), 천반(天盤)은 수화충(水火冲)으로 금목충과 수화충이 다 있다. 이것은 창작적·예술적 재능으로 승화되기도 하며, 특히 이렇게 재(財)를 칠 경우 아랫사람을 다루는 어마어마한 카리스마를 내뿜는다.

사지화살(四支化殺)의 귀인격(貴人格)이 있어 겉으로는 품위가 있지만, 사주의 모든 기가 오로지 삼형만 된다는 사실에 주목할 만하다. 이러한 흐름이라면 기존의 도덕이나 관습 따위엔 전혀 아랑곳하지 않았을 것인데, 그러한 면이 기발한 창작력으로 승화되었다.

또 주목할 만한 점은 끼가 엄청나게 많다는 것이다. 탤런트적 재능을 뜻하는 합(合)이 도합 네 개는 있어서 끼와 함께 사교성과 화합력이 대단하다. 이것은 영화감독으로서 혹은 배우로서 대단히 큰 재능인데, 모두를 뭉치게 하고 어울리게 하는 큰 힘이었을 것이다. 거기에 도화살(桃花殺)도 있고 재능도 있고 언변도 좋고 언론계 쪽 재능도 있어서, 배우나 감독으로서의 재능은 넘치게 많다. 수미복배(首尾腹背)의 자리에 노복배주의 징조가 있어서 사람의 뒤통수를 치는 면도 있는데, 이것이 가장 극명하게 나타난 일이 자신의 부인이 입양한 딸과 눈이 맞은 사건일 것이다.

보통 사람들은 상형에 흉흉한 사건들을 겪을 수 있는데, 우디 앨런은 오히려 상형의 운에 떠서 스타가 되었다. 이것으로 봐서 상형은 영화감독 등 창작 활동에서는 히트를 칠 수 있는 운인 듯하다. 하긴 금목충 자체를 창작적 재능으로 보니, 그게 가장 극심한 상형의 운은 창작자에게 좋을 수도 있겠다.

게다가 첫 히트작이 영화 〈돈을 갖고 튀어라(Take The Money And Run)〉인데, 사주 자체가 재를 직극(直剋)하는 사주인 데다 이때가 바로 노복배주, 배신수의 시기다. 그런 면에서 '돈을 갖고 튀어라'는 운에 잘 맞는 제목이다. 즉 재를 직극하고, 뒤통수 때리고 도망간다는 징조가 모두 담긴 참 적절한 제목이다. 이후는 관운(官運)인데, 길인(吉人)의 찬조(贊助)를 받는다는 시기인 데다가 관운은 원래 연예인에게 좋은 운으로 본다. 재능이 만개했다고 평가받는 작품을 내놓은 시기 역시 상형의 재운(財運)이다.

전 세계를 경악시킨 스캔들인 입양딸 순이를 만나고 둘의 연애가 세상에 알려진 시기는 천반(天盤)의 여자운 때(1988~95년)이다. 알려진 것은 1992년이지만, 이미 1988년부터 여자운이 왔기 때문에 둘 사이가 진행된 건 순이가 미성년자일 때로 짐작된다. 결혼은 노복배주의 비견겁(比肩劫) 시기에 하였다. 비견겁과 자손이 같이 있는 자리에서 순이와 결혼했는데, 순이는 부인(미아 패로)이 전 남편과 함께 살 때 입양한 딸이다. 즉 비견겁의 자손과 엄청난 배신 끝에 결혼한 것이 사주에 그대로 나타나 있는 것이다.

형파국에 사주 흐름 전체가 상형밖에 안 하는 비정상적인 흐름의 사주이니, 이것을 감독으로서의 재능으로 승화시켰다고는 하나 사고가 정상적이지 못한 것은 어쩔 수 없는 모양이다. 때문에 도덕과 관습을 깔끔하게 무시하고 전 세계를 경악시킨 막장 스캔들을 일으켰다. 이 밖에도 미아 패로의 또 다른 양녀가 자신을 일곱 살 때부터 성추행했다며 우디 앨런을 고소하였고, 우디 앨런은 미아 패로가 복수심에 눈멀어 양녀를 세뇌시킨 것이라고 주장하였다.

미아 패로의 양녀 순이를 누드 사진까지 찍어가며 어린 시절부터 건드린 끝에 자신의 아내로 삼은 우디 앨런에게 자기도 성추행을 당했다고 고발한 양녀의 말이 맞는지, 아니면 열 명의 고아를 입양하고 장애가 있는 아이까지 수술시켜 사랑으로 키워 낸 일화가 널리 알려진, 유명한 박애주의자 미아 패로가 양녀를 세뇌시켰다고 주장하는 우디 앨런의 말이 맞는지는 각자 알아서 판단해 보기 바란다.

그런데 여자가 삼형에 걸려 있어 평범한 여자는 그에게 안 맞긴 하다. 그렇다 해도 평범한 관계라 하기엔 너무도 극적인 여자를 만났는데, 어쩌면 그런 과정 속에서 만났기 때문에 의외로 천생연분이 되어 무탈하게 잘살 수 있을 것도 같다. 그렇다고 입양딸과 눈 맞은 게 잘한 일이란 것은 아니다. 형파국에 전체 기가 모두 삼형밖에 안 하는 비정상적인 사주로 할 만한 막장 짓이니 말이다.

# 기네스 팰트로

## Gwyneth Paltrow
### 귀족적 우아함을 타고난 미녀

## 奇門

陰曆: 1972年 8月 20日 申時
陽曆: 1972年 9月 27日 申時

| 3 | 8 | 6 | 9 | |
|---|---|---|---|---|
| 丙 | 辛 | 己 | 壬 | 八 |
| 申 | 酉 | 酉 | 子 | 三 |
| 時 | 日 | 令月 | 金年 | |
| 9 | 10 | 10 | 1 | |

四局 下元 秋分 陰遁

**기네스 팰트로**
(Gwyneth Kate Paltrow)

Born on  27 September 1972
       at 17:25 (= 5:25 PM)
Place   Los Angeles, California,
       34n03, 118w15
Timezone   PDT h7w
       (is daylight saving time)

| 火華 義景體貴 六儀擊刑 | 四七父 衰 | 壬戊 旺 | 英虎 木 60 33 | 歲干和 杜氣 | 年殺 九二父 建 | 歲劫 芮合 火 87 11 | 金 義開害 浴 | 六五兄 帶 | 丁庚 土 | 時支柱陰 71 20 |
|---|---|---|---|---|---|---|---|---|---|---|
| 月干和 休歸 六儀擊刑 | 五六財 病 | 戊己 木 | 甫武 65 26 | 歲亡日馬 | | 八三官 戰局 | 歲馬日劫 乙 土 56 36 | <世>和死命 | 年殺 一十 生 | 丙丁 金 | 月支心蛇 46 8 |
| 木華 義驚魂死 ○墓 | 十一財 | 己癸 土 | 沖地 90 9 | 日干 義傷德 ○祿 | 七四孫 胞 | 歲支 癸辛 水 78 15 | 水時干和 生宜 | 天馬 二九孫 胎 | 日亡 辛丙 養 金 | 蓬直 48 45 |

배우들에게 흔히 나타나는 사주들 중 하나가 바로 관귀(官鬼)가 비견겁(比肩劫)을 치는 사주다. 이 사주는 앞서 캐서린 헵번에게서도 보았는데, 이러한 사주를 가진 현대 할리우드 배우들 중에는 기네스 팰트로가 있다. 그러고 보니 강인한 우아함이라는 데서 어쩐지 좀 비슷한 부분도 있는 듯하다. 다만, 기네스 팰트로는 극관(剋官)을 하지 않기 때문에 캐서린 헵번보다는 좀 더 청순한 모습이 어울리며, 재능적 요소는 캐서린 헵번이 훨씬 월등하게 더 많이 나타나 있다.

기네스 팰트로는 도화살(桃花殺) 등의 끼가 많고, 대단히 싹싹하고 사교적이어서 탤런트다운 성격을 지녔다. 우아한 이미지와는 달리 성격은 소탈할 것으로 보인다. 도화살이 있는 데다 남자가 대단히 많은 사주라, 가만히 있어도 남자가 꼬이고 늘 남자가 많은 탁명(濁命)으로 보지만, 이러한 점들은 연예인을 하기에는 더 없이 좋다.

관(官)이 비견겁을 치는 것이 인상적이다. 이럴 경우 과거에 연애를 많이 해본 남자나 평소 여자관계가 복잡한 남자와 잘 얽힌다. 특히 동종 업계 사람과의 연애 경력이 있는 남자와 잘 얽힌다. 때때로 남자를 경쟁자에게 빼앗기거나 경쟁자로부터 빼앗아 오기도 한다.

기네스 팰트로는 도화살도 있고 다른 끼들도 있는 데다 역시 연기적 재능인 천망사장(天網四張)도 있고 삼기(三奇)의 재능도 가지고 있으므로 배우끼는 충분하다. 또한 이렇게 관이 비견겁을 치는 것도 연기적 재능인 듯하다. 다른 사람의 인생을 연기해야 하니 말이다.

또 이럴 경우는 이미 많이 뜬 배우들과 함께 나오거나, 초반

부터 유명 배우들과 함께 나오는 게 좋다. 이런 맥락에서 〈어벤져스〉, 〈아이언맨〉 시리즈에 출연한 게 아닐까 한다. 10대 초반에 사춘기가 와서 16~20세 때 끼와 재능이 풍부한 동료들을 많이 만나니, 이때부터 본격적으로 연예계를 기웃거리며 활동했을 것으로 보인다.

21~26세 때도 연예인에게는 좋은 재운(財運)으로, 분위기나 징조가 좋아서 작품성 있는 괜찮은 작품들을 만날 수 있었을 것이다. 연애를 하기에도 좋은 시기인데, 더 정확히 말하자면 남자를 상당히 밝히게 되는 시기이기도 하다.

쌍관(雙官)이라 보기보다 남자를 밝히고 바람기가 많은 편인데, 실제로 브래드 피트와의 약혼이 기네스 팰트로의 바람기 때문에 깨졌다는 이야기도 있다.

인생의 전성기는 27세(1998년)부터 시작되어 이후 이어지는 7년여 간의 인수운(印綬運)이다. 이 운 이후에 3년여 간은 관운(官運)이 오니, 인수운부터 관운까지의 10여 년간이 인생의 절정이라고 할 수 있다.

특히 1998년부터 시작된 7년의 인수운 동안 원래는 비견겁에게 가던 관이 자신에게 와서 관인상생(官印相生)이 되고, 여자는 금방석에 앉아 금은보화를 만진다는 길격(吉格)이 나타나 있다. 이때의 운이 워낙에 좋아서, 또 관이 비견겁에게 가는 사주가 배우에게 적절해서 그 위치까지 올랐다기보다는 비교적 한창때인 적절한 나이에 너무나 좋은 운을 오랫동안 만난 것이 그녀를 성공으로 이끈 힘인 듯하다. 실제로 기네스 팰트로는 이 인수운에 들어서자마자 그녀를 대표하는 작품을 여럿 만나서 세계적인 톱스타 반열에 올랐다. 또한 인수운 때 결혼도 하였다

(2003년 크리스 마틴과 결혼하였다).

37~45세 때의 손운(孫運)은 사실 연예인에게 가장 좋지 않은 운으로 보지만, 다행히 분위기는 좋아서 즐겁게 일할 수 있는 좋은 작품을 만날 수 있다. 무엇보다도 주목할 만한 점은 이 시기 때부터 〈아이언맨〉 시리즈에 합류했다는 것이다. 금으로 나무를 치는 극관운(剋官運) 시기에 금을 뜻하는 아이언(Iron = 金)맨이 다 때려 부수는 작품에 출연했으니, 사주에 정말 가장 적절한 배역을 맡았다고 볼 수 있다.

극관의 시기는 남자관계가 가장 안 좋은데 극관, 그것도 가장 무시무시한 삼형(三刑)의 극관운(剋官運)이 장장 9년 동안이나 왔으므로 그 화를 피하기 어려웠을 듯하다. 결국 극관운(剋官運) 7년차에 이혼하고 말았다. 2008년부터 시작된 삼형(三刑)의 극관운이니, 아마 이혼하기 한참 전부터 갈등이 대단히 심했을 것이다.

이 사주의 첫 번째 최대 장점이 한창때에 관인상생이 되는 매우 좋은 운이 꽤 오랫동안 지속되는 것이라면, 두 번째 최대 장점은 천반수(天盤數)를 싹 끌어 먹는 사주라는 데 있다. 아마도 46세 이후의 인생 후반기에 진정한 사랑을 다시 만날 것이며, 나이가 들어서도 중견 배우로 상당히 오랫동안 이름을 날릴 것이다. 또한 재물도 굉장히 많이 끌어 모으는 것으로 봐서는 엔터테인먼트나 패션, 화장품 등 연예인이 할 만한 사업을 할 가능성도 있다.

45세까지는 극관운이라 연애하기 힘들고, 연애를 하더라도 남자가 자주 바뀔 수 있다. 그러나 46세(2017년) 이후부터는 아마 제대로 뜨겁게 연애를 할 것으로 보이며, 명성이나 명예도 얻을

수 있다. 47~48세 때 삼형운이 다시 잠깐 오나, 인수운이라 이전의 9년처럼 심하진 않을 것이다. 이 시기에는 〈아이언맨〉 시리즈 같은 살성(殺性)이 많은 작품을 선택하는 게 좋다. 특히 49~56세 때 명예운이 와서, 이때에 제2의 전성기도 누리고 결혼도 다시 할 것으로 보인다.

# 마릴린 맨슨

## Marlyn Manson
### 기괴한 메탈 록커

# 奇門

陰曆: 1968年 11月 17日 戌時
陽曆: 1969年 1月 5日 戌時

| 3 | 7 | 2 | 5 |
|---|---|---|---|
| 丙 | 庚 | 乙 | 戊 | 八 |
| 戌 | 辰 | 丑 | 申 | 九 |
| 時 | 日 | 令月水 | 年 |
| 11 | 5 | 2 | 9 |

二上小陽
局元寒遁

> 마릴린 맨슨
> (Marlyn Manson,
> Brian Hugh Warner)
>
> Born on  5 January 1969
>           at 20:05 (= 8:05 PM)
> Place   Canton, Ohio,
>           40n48, 81w23
> Timezone   EST h5w
>           (is standard time)

| 火 〈世〉日歲馬華<br>　　　干日馬<br>迫驚四己沖天<br>　德三庚<br>　　　　49<br>衰　病　木　3 | 時歲<br>干<br>制開九庚甫直<br>　歸八丙<br>　　兄<br>　　　　76<br>死　　　　火 38 | 金歲<br>　干<br>迫杜六丙英蛇<br>　魂一戊<br>　　父<br>　　　　60<br>　胞墓　土 43 |
|---|---|---|
| 歲劫<br>日劫<br>傷五丁任<br>氣二己地<br>　孫　54<br>旺　　　木 45 | 八九辛<br>　鬼<br>祿怨嗔局　　90<br>　　　　　　土 12 | 年殺<br>和死一戊芮陰<br>　宜六癸<br>　　父<br>　　　　80<br>　胎　　金 23 |
| 木<br>　　　月月蓬雀<br>和景十乙支<br>害　七丁<br>　　孫帶<br>　　　　79<br>建　　　土 30 | 月月<br>干支<br>休七壬心陳<br>體十乙<br>　財<br>　　　　67<br>貴浴　水 42 | 水　　天馬<br>和生二癸時支<br>命五壬柱合<br>　財<br>　　　　82<br>生　養　金 17 |

괴기스런 분장과 기이한 행동으로 유명하고, 기독교에서는 사탄 취급을 받는 쇼크락(Shock Rock)의 대부 마릴린 맨슨의 사주다. 이름부터가 범상치 않은데 섹시 스타 마릴린 먼로에서 따온 '마릴린'과, 희대의 살인마 찰스 맨슨에서 따온 '맨슨'을 합성한 이름이다.

의외로 그는 평소 이미지와는 달리 원상통기(圓狀通氣)의 사주를 지녔다. 그는 순양원상통기(純陽圓狀通氣)로서 스티브 잡스와 비슷하나, 맨슨의 경우는 원진국(怨嗔局)이다. 원진국에 일지(日支)도 원진살(怨嗔殺) 자리에 놓여 있어서 원진살이 매우 심하기 때문에 성격은 좋지 않았을 것으로 보인다. 그러나 원상통기인 것으로 봐서는 겉으로 보이는 것처럼 사탄 숭배자나 사이코는 아니었을 듯하다.

그는 재능이 풍부한 아티스트인 동시에, 그 재능을 상업화하는 능력이 스티브 잡스처럼 매우 뛰어난 비즈니스맨이라고 해야 할 것이다. 달변가로서의 재능도 있는데, 구설수를 좋아하는 기질이 있어 일부러 구설수를 일으키기도 했을 것이다.

순음원상통기(純陰圓狀通氣)의 경우 '왕도(王道)의 사주'라 하고, 순양원상통기의 경우 '패도(悖道)의 사주'라 하기도 한다. 그러려면 몇 가지 조건이 더 충족되어야 하는데, 맨슨의 행보를 보면 음악계에 쿠데타를 일으키는 패도군주의 성향은 분명 있어 보인다. 잡스 역시 아이티 업계에 일대혁명을 일으켰으니 그 업계에서도 그렇고, 남의 아이디어를 자기 것이라고 소송한 몰염치한 사건도 그렇고 패도군주의 성향을 갖고 있다.

맨슨도 반군 성향을 가지고 있다고는 하나, 어쨌든 원상통기다. 그러니 심한 악동이라거나 생각 없이 사고 치고 다니는 불

순분자는 절대 아니었을 것이다. 안티크라이스트(적그리스도)처럼 보이는 행동은 아마도 기존 사회나 종교 자체에 대한 비판, 혹은 노이즈 마케팅의 일환인 비즈니스적 제스처일 가능성이 크다. 영리하고 사업 감각이 있으며 아주 계산적인 사람이기 때문이다. 아마도 그 악명 높은 콘셉트에 비해, 실제로 그가 사회적 물의를 일으킨 사건들은 그리 많지 않을 것 같다.

그런데 사이코 기질은 확실히 있으며, 대단히 예민하고 편집증적이며 성격은 확실히 안 좋다. 매우 까다롭고 때론 재수 없을 정도로 야비한 성품도 있다. 그러면서 대단히 영악하고 손해 볼 일은 잘 하지 않는 성격이다. 한 번 사이가 안 좋아지면 철천지원수가 될 만큼 까다롭고 잔혹한 면도 있다. 아마도 이러한 맥락에서 밴드 멤버들과 사이가 안 좋았던 듯하다. 사회성은 있지만 연예인치고는 원체 사교성이나 화합력이 부족하다. 천상천하 유아독존(天上天下 唯我獨尊) 성향이라 그룹 활동이 힘들었을 수 있다. 그래도 음악인으로서는 괜찮은 성격인데, 이 까다로움과 깐깐함이 완벽주의자 기질로 승화될 수 있었다.

대단히 신왕(身旺)한 물이 구멍이 뚫려 흐르는 데다 금수(金水)가 왕(旺)하여 가수로서의 재능은 상당할 것으로 보인다. 음악적 재능 이상으로, 주목받고 유명해지는 재능도 매우 탁월하다. 보기보다는 방송·언론매체의 성향을 잘 파악하고, 그것을 이용할 줄 안다. 또한 언론매체에 나오는 자신의 이미지에 대해서도 상당히 신경 쓰는 편이다. 다만, 신경 쓰는 포인트가 '바른생활 사나이'가 아닐 뿐 나름대로는 밖으로 드러나는 이미지를 자신이 주도해서 만들어 냈을 것이고, 그 점 때문에 치열하게 신경 쓰며 사는 유형이다.

그렇다고 가식적이지는 않으며, 대단히 솔직하고 화끈한 성격이다. 가까이 다가가기는 힘들지만 알고 나면 매우 화끈한, 사나이다운 기질과 기백이 있다.

안 좋은 성격 탓에 밴드 동료 등 늘 함께 지내는 사람과는 원수지간이 되기도 하나, 윗사람이나 지인 등과는 사이가 아주 좋은 편이다. 나름 인복도 있고 인맥관리도 잘하며, 의외로 학구적 성향도 있다. 여러모로 겉으로 보이는 모습과는 상당히 다른 사주다.

가정이 원진국인 데다 집안에 이혼수가 있고, 여자 자리가 약한 데다 격국의 징조가 좋지 않아 결혼생활은 힘들다. 재밌는 사실은 여자 자리에 나타난 흉조가 "가취(嫁娶)하면 중혼(이중결혼)을 할 수 있다"는 징조인데, 실제로 2005년 비밀리에 결혼식을 올렸으나 불륜 행각으로 인해 이혼한 적이 있다.

잡스와는 달리 천반수(天盤數)도 성국(成局)이 되어 원상통기로 돌아간다. 때문에 잡스처럼 단명하거나 큰 문제는 없을 것으로 보이나, 46~49세 때의 현재 운은 원진의 관귀운(官鬼運)이라 주의가 요구된다. 다만, 연예인에게 관운(官運)은 나쁘지 않은 운으로 본다.

후반기의 55~60세 때 제2의 전성기가 올 수 있으며, 이 시기에 히트곡을 다시 낼 수 있다. 68~76세 때 종명(終命) 위기가 올 수 있어, 건강에 각별히 유의해야 한다.

# 저스틴 비버

Justin Bieber
전 세계 1억 안티, 악동 아이돌

## 奇門

陰曆: 1994年 1月 20日 子時
陽曆: 1994年 3月 1日 子時

| 5 | 3 | 3 | 1 | |
|---|---|---|---|---|
| 戊 | 丙 | 丙 | 甲 | 三 |
| 子 | 戌 | 寅 | 戌 | 八 |
| 時 | 日 | 令 | 年 | |
| 1 | 11 | 3 | 11 | |

時 日 令 月 年
　　　　　木
1 11 3 11

六　中　雨　陽
局　元　水　遁

> 저스틴 비버
> (Justin Drew Bieber)
>
> Born on   1 March 1994
>            at 00:56 (= 12:56 AM)
> Place   London, Ontario (CAN),
>            42n59, 81w14
> Timezone   EST h5w
>            (is standard time)

| 火<br>日干<br>義<br>景命<br>祿<br>六儀擊刑 | 月干<br>九二鬼 | 歲亡<br>日亡<br>義<br>癸丙<br>死墓<br>64<br>37 | 芮陳<br>死墓<br>木 | 天馬<br>義<br>死害 | 四七官<br>病 | 己辛<br>火 | 柱雀<br>79<br>22 | 金<br>生氣<br>旺 | 一十父<br>衰 | 戊癸<br>土 | 心地<br>73<br>34 |
|---|---|---|---|---|---|---|---|---|---|---|---|
| 和<br>休魂<br>胞 | 年殺<br>十一孫 | 辛丁<br>木 | 英合<br>72<br>35 | | 三八財<br>戰局 | 乙<br>土 | 55<br>45 | 歲干<br>制體<br>建 | 六五父 | 壬己<br>金 | 蓬天<br>90<br>9 |
| 木<br>傷歸<br>迫<br>胎 | 歲劫<br>日劫<br>五六孫 | 丙庚<br>土 | 月支<br>甫陰<br>和<br>養<br>84<br>15 | 歲馬<br>日馬<br>驚宜<br>生 | 二九兄<br>水 | 丁壬<br>75<br>31 | 時支<br>沖蛇<br>貴浴 | 水<br><世><br>時干<br>開德<br>帶 | 七四 | 庚戊<br>金 | 歲支<br>任直<br>52<br>4 |

불과 열다섯 살에 데뷔하여 세계적인 팝스타로 발돋움한 아이돌 스타, 저스틴 비버의 사주다. 미성에 어울리는 여성스런 미소년의 외모에 〈원 타임(One Time)〉, 〈베이비(Baby)〉 등의 히트곡으로 유명하지만, 우리나라에서는 그보다 야스쿠니 신사 참배를 비롯한 각종 악행과 기행을 일삼아 전 세계적으로 1억 넘는 안티를 보유한 막장 문제아로 더 유명하다.

우선 그의 사주에서 가장 큰 특징은 그 어마어마한 끼와 수많은 흉격(凶格)이다. 정말 끼와 흉격이 엄청나게 많다. 이것이 예술적 재능으로 승화되면 덜할 줄 알았는데, 역시나 여자를 밝히는 것으로 알려져 있다. 또한 정신이 망(網)에 쳐져 있는데, 이것은 가수로서 자신만의 색깔·비법·몰입도 등으로 승화되기도 하나, 마약이나 알코올 등에 빠지는 것으로 나타나기도 한다. 격형(格刑)과 일간(日干) 관귀(官鬼), 금목충(金木冲), 머리의 수화충(水火冲), 삼형(三刑)의 금목충(金木冲), 일지(日支)의 유로무화(有爐無火) 흉격 등은 끼와 카리스마로 승화되기도 하나, 보통은 정신적인 문제로도 많이 나타난다.

다시 말해서, 어린 나이에 갑작스레 얻은 인기 등으로 인해 사람이 이상해져서 사고뭉치가 된 게 아니라 원래 타고나길 정신세계가 이상한 사람인 것이다. 높은 인기가 문제아로 만든 것은 아니며, 오히려 연예인으로 살지 않았으면 더 심한 정신병자가 되었을 수도 있다. 그나마 연예인이니까 이 광기를 끼로 승화해서 이 정도 수준에 머문 것이다.

더군다나 비버는 제2권에서 다룰 범죄자들 중 연쇄살인마 리처드 라미레즈와 놀라울 정도로 사주가 비슷하다. 그렇다고 해서 비버가 라미레즈처럼 강간 연쇄살인을 저지를 수도 있다는

이야기는 결코 아니다. 연쇄살인마들의 사주를 보면 스타나 거부와 사주가 비슷한 경우가 종종 있다. 비버는 이러한 흉조들을 창작과 끼로 승화시킬 수 있는 분야에서 일하고 있고, 라미레즈처럼 일찍부터 살인에 물들게 한 일화도 없었다. 이 사주를 가진 사람은 자신이 푹 빠져들 수 있는 형이상학적인 세계가 필요하고, 그에 따라 인생이 좌우된다. 비버는 그 세계를 음악으로 택했고 라미레즈는 악마 숭배 및 살인으로 택했으니, 두 사람은 걸어가는 길이 극명하게 다를 수밖에 없다.

하지만 라미레즈와 사주가 비슷한 만큼 예술적 재능 및 끼는 넘쳐날 정도로 충분하나, 흉격과 살성(殺性)이 너무 많다. 먼저 봤던 마릴린 맨슨이 계산된 마케팅을 위해 일부러 문제적 이미지를 만들어 낸 스타라면, 비버 쪽은 그냥 원래부터 사이코 기질이 넘쳐 나서 문제를 일으키고 다니는 것이다.

또한 유로무화는 가끔 사이코패스(반사회적 성격장애자)에게도 발견되는 흉격이다. 비버는 유로무화에 흉격이 많아 사이코패스 기질이 있을 가능성도 있다. 유로무화는 '불 꺼진 난로'라는 의미로, 감정의 일부가 항상 꺼져 있는 것이 사이코패스로 가끔 나타나는 것 같다. 비버의 경우엔 감정의 일부가 꺼진 사이코패스가 아니라 개념의 일부가 꺼진 사람이 아닐까 하는 생각도 든다. 또한 유로무화가 모두 사이코패스가 되는 것은 아니고, 가끔 유로무화에서 사이코패스가 발견될 뿐이다. 이 흉격은 언론 방송계 재능으로 승화되기도 하므로, 이미 언론 방송계에 몸담고 있는 스타를 '혹 사이코패스가 아닐까' 하며 너무 걱정할 필요는 없다.

16세 때(2009년)부터 명예운이 온 데다 거기에 천마(天馬)가 있어서 세계적인 스타로 떠올랐는데, 관귀의 모양새가 매우 좋지 않다. 이러한 모양새 나쁜 명예운이 '악명'을 만들었다. 관귀의 모양새가 나쁜 것으로 봐서는 자신에 대한 안 좋은 평판을 스스로 어느 정도는 즐길 듯하다. 리처드 라미레즈가 이 비슷한 시기에 사고방식이 완전히 망가진 걸 보면, 구멍 뚫리고 모양새가 흉흉한 관귀운(官鬼運)에 사고방식이 점점 이상해질 수 있는 것 같다. 하지만 연예인에게 관귀운은 히트할 수 있는 좋은 시기이고, 관귀의 흉이 훨씬 덜한 편이다. 관귀의 모양새가 흉하니 오히려 악명을 통해 이름을 날리는 데 좋다.

또한 관귀운을 만나면 형이상학적 세계를 발전시키는 데 좋은데, 비버와 라미레즈 둘 다 형이상학적 세계를 선택했으나 선택한 길이 다른 데서 결과가 다르게 나타났다. 라미레즈가 관귀운에 자신이 선택한 형이상학적 세계인 '악마 숭배자'로서의 자신을 심화시키고 발전시켰다면, 비버는 음악이라는 형이상학적 세계에서 아이돌 가수로서의 자기 세계와 이미지를 심화시키고 발전시켰다.

저스틴 비버는 관귀운을 보내고 2016년부터 삼형운(三刑運)을 맞이한다. 라미레즈가 삼형운에 연쇄살인을 저지른 걸 보면(물론 이미 선택한 길이 다른 만큼 비버가 그런 식의 강력 범죄를 저지르진 않겠지만), 비버 역시 본인이 할 수 있는 범위 내에서 가장 큰 사고를 칠 위험이 있다.

다만, 우디 앨런 등의 사주를 보면 삼형은 창작적 재능이나 예술적 재능으로 승화될 수도 있다. 특히 〈돈을 갖고 튀어라〉처럼 자신의 사주와 상당히 잘 맞는 작품을 만날 경우 인생의 전환점이 될 만한 대작을 만들기도 했음을 알 수 있다. 비록 삼형

운이긴 해도 적재적소에 필요한 재능 있는 사람들을 많이 만날 수 있는 길격(吉格)이 있는 운이기도 해서, 실력 있는 동료와 그룹 활동을 하고 악동 이미지를 잘 살려 낸다면 오히려 대히트 시기가 될 수도 있을 것이다.

삼형이나 흉격의 불길한 기운을 줄이려면 좋은 일을 많이 하는 것이 좋은데, 비버의 경우 봉사나 기부 같은 자선 활동을 펼칠 책임이나 기회가 많은 할리우드 스타이니 선행을 통해 불길한 기운이 많이 해소될 수 있다.

그런데 삼형은 삼형인지라 정신을 차릴지는 미지수라서, 이번 운에서도 악동 짓은 계속할 것으로 보인다. 이 삼형의 비견겁(比肩劫)은 과연 누구를 만나느냐가 관건일 듯하다. 삼형을 창작적 재능과 카리스마로 살리고 좋은 일을 많이 하며 좋은 동료와 친구들을 만난다면 좋게 풀릴 것이고, 안 좋은 친구와 어울려 나쁜 사상에 물든다면 지금까지 쳤던 사고들은 애교에 지나지 않을 정도로 대형 사고를 칠 수도 있으니 말이다.

# 5부
# 미국의 역대 대통령

# 존 F. 케네디

John F. Kennedy
탁월한 용기와 리더십의 상징

## 奇門

陰曆: 1917年 4月 9日 未時
陽曆: 1917年 5月 29日 未時

| 2 | 8 | 2 | 4 | 七 |
|---|---|---|---|---|
| 乙 | 辛 | 乙 | 丁 | 一 |
| 未 | 未 | 巳 | 巳 | |
| 時 | 日 | 令月 | 火年 | |
| 8 | 8 | 6 | 6 | |

二局　中元　小滿　陽遁

**존 F. 케네디 - 未時**
(John Fitzgerald Kennedy)

Born on  29 May 1917
　　　　at 15:00 (= 3:00 PM)
Place　Brookline, Massachusetts,
　　　　42n20, 71w07
Timezone  EST h5w
　　　　(is standard time)

| 火 月支 歳支蓬合 | 年殺 | 金 <世> 華 歳劫日亡 | 時支沖雀 |
|---|---|---|---|
| 制生氣 三五財 乙庚 86 衰 病 木 12 | 和傷體 八十財 丁丙 死 火 43 | 義驚命貴 五三 己戊 六儀擊刑 胞墓土 50 3 | |
| | 天馬 伏歳馬 | | |
| 制死德 四四官 壬己 禄 旺 木 90 7 | 日干 七一父 辛 沖局 土 83 13 | 義休害 十八兄 庚癸 胎 金 75 28 | 甫地 |
| 木 歳干華義開宜 九九鬼 癸丁 建 帶 土 73 37 | 歳亡日劫 柱蛇 | 時干月干義杜歸 六二孫 辛乙 浴 水 56 45 | 日馬 禽直 ○生 | 水迫景魂 一七孫 丙壬 養 金 76 20 | 英天 |

미국의 제35대 대통령 존 F. 케네디의 경우, 태어난 시간이 정확히 경계선에 걸려 있어 판단하는 데 애를 먹었다. 결국 미시(未時)와 신시(申時) 둘 다 보기로 하였다.

### ① 미시(未時)일 경우

태어난 시간이 미시일 경우, 케네디 대통령은 대단히 예민하다 못해 다소 꼬인 성품에 신체적 시련을 많이 겪을 수 있다. 또 말재간과 글재주가 있으나 구설이 많다. 예술가적인 면모가 있고 변덕스러우며, 싫어하는 일은 하지 않으려는 습성이 강하고 고집스런 면이 있다. 여자를 상당히 밝히는데, 자신이 감당 못할 만큼 튀거나 잘난 여자를 좋아하는 기질이 있다. 돈과 여자에 관심이 많고, 재정적인 감각이 있는 편이다.

패셔니스타다운 면모를 드러낸 점이나 여자를 밝혔다는 소문, 아내의 역할이 상당히 튀고 아름다웠던 점 등을 보면 미시가 좀 더 수긍이 가나, 정치적 행보나 대통령 당선 시기가 흉격(凶格)이 많고 흉흉해서 다소 헷갈린다. 특히 대통령 당선 시기에 기문의 4대 흉격 중 최고라는 백호창광격(白虎猖狂格)이 있는데, 이것은 인패(人敗)·가패(家敗) 등의 큰 사건사고를 뜻한다.

케네디 대통령은 제2차 세계대전에 참전했다가 큰 사고를 당했지만 나머지 대원들을 구사일생으로 살린 사건을 선거홍보 활동에 크게 이용하였다. 살성(殺性)이 많은 전쟁 사건을 이용해서 당선이 되었다는 사실을 생각해 보면, 이 시(時)가 맞을 경우 백호창광의 흉격이 살성(殺性) 많은 정치판에서 의외의 결과를 낼 수 있음을 알 수 있다. 즉 그 살성 자체를 이용할 수도 있다는 예시가 될 수 있다. 그러나 희귀한 상황인 만큼 임상이

적어 확신할 수는 없다.

29~37세 때의 등사요교(螣蛇妖嬌)가 붙은 쌍관(雙官)의 운도 그 흉흉한 살성이 만만치가 않다. 사실 정치라는 게 아주 살벌한 분야인데, 이렇게 보면 살성이 가장 필요한 분야인 것은 맞다. 다만, 정치계에서 본격적으로 승승장구한 시기의 쌍관, 등사요교의 흉격이 너무나 흉흉하다. 당선 시기는 한층 더해서 백호창광격의 가장 큰 흉격이 붙어 있으니 아리송하기만 하다.

그러나 평소 건강이 안 좋았던 점, 부모와 집안의 적극적인 원조를 아주 충분히 이용했다는 점, 여자를 밝혔고 아내가 대단히 유명한 인물이었다는 점 등에선 미시 쪽으로 마음이 기울기도 한다.

정치가 비록 살성이 필요한 분야라고는 하나, 이 엄청난 흉격과 살성들을 갖고도 과연 정치인으로서 승승장구할 수 있었을까? 흉격과 살성이 정치인에게는 이토록 좋게 작용될 수 있다는 것에 대한 임상이 없어서 헷갈리는 부분이다.

또한 이 시기에는 21~28세 때 비견겁(比肩劫)이 나타나 모든 관심과 주목도를 경쟁자에게 양보해야 한다. 따라서 이 시기에 집안의 기대와 관심은 모두 존 F. 케네디의 형인 조지프 P. 케네디 주니어에게 집중되어 있었고, 정확히 28세(1944년) 때 형이 죽음으로써 집안의 관심과 기대를 모두 존 F. 케네디가 물려받게 된다. 이러한 사실을 보면 미시일 가능성도 있다고 볼 수 있다.

# 奇門

陰曆: 1917年 4月 9日 申時
陽曆: 1917年 5月 29日 申時

| 3 | 8 | 2 | 4 |
|---|---|---|---|
| 丙 | 辛 | 乙 | 丁 |
| 申 | 未 | 巳 | 巳 |
| 時 | 日 | 月 | 年 |
| 9 | 8 | 令 | 火 |
|   |   | 6 | 6 |

八二年

二局　中元　小滿　陽遁

존 F. 케네디 - 申時
(John Fitzgerald Kennedy)

Born on  29 May 1917
       at 15:00 (= 3:00 PM)
Place   Brookline, Massachusetts,
        42n20, 71w07
Timezone   EST h5w
           (is standard time)

| 火 歲馬 制 生宜 死墓 | 月支 丙 庚 歲支英天 四六孫 85 15 木 | 時干 和 傷魂 九一孫 六儀擊刑 | 年殺 辛 丙 禽直 67 42 病 火 | 金 義 驚歸 六四 祿 旺 衰 | <世> 華 癸 戊 時支柱蛇 51 4 土 |
|---|---|---|---|---|---|
| 制 死害 | 五五父 庚 己 甫地 90 9 胞 木 | 日干 八二鬼 和局 | 日馬 辛 81 17 土 | 義 休德 一九兄 建 | 歲亡日劫 壬 癸 心陰 71 34 金 |
| 木 歲干 義 開氣 胎 | 十十父 己 丁 沖雀 70 41 養 土 | 華 月干 義 杜命 貴 | 年殺 丁 乙 七三財 生 水 | 劫歲 日亡 任陳 58 45 迫貴 ○ 帶 水 | 乙 壬 景體 二八財 73 25 金 蓬合 |

존 F. 케네디

## ② 신시(申時)일 경우

미시가 성질 급하고 변덕스럽고 샤프하다면, 신시는 매사에 느긋하며 평화주의자 성격이다. 불과 금이 부딪히는 화금상전(火金相戰) 기질이 있어 한편으로는 매우 깐깐하다.

관(官)이 왕(旺)한 연예인 기질이 있으며, 대단한 달변가에 사교성도 뛰어나다. 매우 예민하나 깡과 강단, 배포는 크다. 의리파 사나이의 기백이 있으나, 평소엔 수다도 잘 떨고 싹싹한 여성스런 면모도 있다. 혀가 독살스러운 편이다. 운동선수 기질이 있어 경쟁에서 지는 걸 아주 싫어한다. 학업에는 큰 관심이 없었을 수 있다.

이 사주로 보면 35~41세 때가 인수운(印綬運)이라 일반적으로 가장 잘나가는 시기다. 이때 정치적 기반을 닦는 데 매우 좋았을 수 있다. 보통 정치인에게는 관이 필요한데 케네디의 경우 중궁관(中宮官)으로 원래 왕하니, 문괘(門卦) 좋은 쌍인운(雙印運) 때 특히 대발할 수 있다. 또한 극관(剋官)으로, 이 사주 같으면 개혁 등에 관심이 많은 야당 성향이 있었을 수 있다.

당선 시기는 관을 생해 주는 재운(財運)으로, 정치인에게 관이 중요하다면 재운에 당선된 것은 상당히 그럴싸하다.

다만, 이 사주 같으면 여자가 정식으로 나타나 있지 않아 여자에게 크게 집착하거나 미련을 갖는 성품은 아니다. 물론 재(財)가 없어도 여자를 밝히는 예가 없진 않고, 없을 경우 여자가 있어도 있어도 아쉬운 데다가 여자와 관련해서 양심의 가책이 별로 없을 수 있어서 오히려 여자를 더 밝힐 수도 있다. 스타일리시하면서 얼굴이 예쁜 여자를 좋아하는 경향이 있다. 그래도 이 사주라면 기본적으로 여자 때문에 인생이 좌지우지되는 걸 좋아하지 않으므로 여자에 대한 집착이 크게 없다. 잠깐 잠깐 즐기는 용도로는 제법 여자를 밝히기도 한다.

무엇보다도 천반중궁(天盤中宮)의 매우 모양새가 좋은 여자가 결국 비견겁, 즉 다른 남자의 관인상생(官印相生)을 받고 있다. 케네디가 세상을 떠난 후 부인인 재클린 케네디가 선박재벌 오나시스와 재혼한 것을 보면 이 시(時)일 가능성이 있다.

의리파 성격에 달변가인 점, 정치인으로서 상원과 하원의원에 당선된 시기가 인수운이고 대통령에 당선된 시기가 재운인 점 등을 보면 이 사주가 맞을 가능성이 클 것 같다. 케네디 대통령의 성격 등을 자세히 알지 못해서 미시와 신시 중에서 진짜 어느 쪽이 맞는지는 불확실하지만 말이다.

개인적인 소견으로는 부인 재클린 케네디의 행보, 당선 시기, 연예인 및 운동선수 기질이 있는 점 등으로 보아 신시일 가능성이 더 크지 않을까 싶다.

존 F. 케네디 223

# 빌 클린턴

## Bill Clinton
### 군왕의 카리스마를 갖춘 권력자

## 奇 門

陰曆: 1946年 7月 23日 辰時
陽曆: 1946年 8月 19日 辰時

| 7 | 2 | 3 | 3 | |
|---|---|---|---|---|
| 庚 | 乙 | 丙 | 丙 | 六 |
| 辰 | 丑 | 申 | 戌 | 九 |
| 時 | 日 | 令月 | 年 | |
| 5 | 2 | 9 | 11 | |

一局　上元　處暑　陰遁

**빌 클린턴**
(William Jefferson Blythe, IV)

Born on 19 August 1946
at 08:51 (= 08:51 AM)
Place   Hope, Arkansas,
33n40, 93w35
Timezone   CST h6w
(is standard time)

| 火 開德 帶 | 日劫 二三 父 建 | 時支柱地 辛丁 木 71 25 | 年殺 制 驚歸 祿 | 七八 父 旺 | 壬己 火 90 15 | 金 日干迫 傷魂 貴 | 四一 鬼 病 | 戊乙 土 78 20 | 月支蓬虎 衰 |
|---|---|---|---|---|---|---|---|---|---|
| 月干 杜氣 浴 | 歲干 三二 | 年殺 乙丙 木 | 歲亡 芮天 74 22 | | 六九 財 刑破局 | | 歲馬 日亡 癸 土 69 34 | 歲 義 休宜 死 | 九六 官 | 庚辛 金 62 45 | 歲劫 日馬 任合 金 |
| 木 <世> 生害 生 | 時干 八七 養 | 天馬 己庚 土 | 華 英直 53 7 | 迫 死體 胎 | 五十 孫 | 丁戊 水 | 莆蛇 83 19 | 水 迫 景命 ○墓 | 十五 孫 胞 | 丙壬 金 63 39 | 歲支沖陰 |

226 5부 미국의 역대 대통령

빌 클린턴은 순양원상통기(純陽圓狀通氣)의 형파국(刑破局)으로, 여기 나오는 대통령들 중에서 가장 성공한 정치인다운 사주를 갖고 있다. 아마도 르윈스키 관련 추문과는 별도로, 대통령으로서의 정치력은 얄밉도록 탁월하고 극도로 영악스러운 사람이지 않았을까 한다. 더군다나 신왕(身旺)이라, 배포도 있고 담대하다. 먼저 순양원상통기라는 것만으로도 군왕의 카리스마는 갖추었는데, 여기에 형파국, 삼살(三殺), 백호살(白虎殺) 등이 더해져 더욱 권위를 갖추었다.

재(財)의 자리가 인상적인데, 삼살로 재에게 묶여서 가니 오행 중 재의 자리가 가장 왕(旺)한 것을 볼 수 있다. 다만, 삼형(三刑)의 재극인(財剋印)을 할 뻔하다가 성국(成局)으로 돌아가는 양상인데, 삼형으로 면형이 되었다 해도 삼형의 흉흉한 영향은 있을 수 있다. 게다가 성국들 중에서도 순양원상통기 성국은 성국으로 묶이는 정도가 다소 약한 것으로 보기도 한다.

때문에 빌 클린턴은 삼형 재극인의 일이라 할 만한, 여자로 인한 명예훼손을 겪었다. 다만, 성국으로 삼형 자체는 면형(免刑)이 되었으므로, 이 사건으로 말미암아 지위를 잃거나 이혼을 하는 등의 대가는 치르지 않았다. 어쨌든 식신생재(食神生財)를 하고 집안의 기가 상생(相生)이기 때문에, 추문 사건을 제외하면 기본적으로는 공처가였을 듯하다.

이렇게 중궁재(中宮財)가 왕할 경우에는 아름답고 나긋한 여자보다는 강단진 여자, 똑똑한 여자, 카리스마 있는 여자, 존경할 수 있는 여자를 바라며, 신왕재왕(身旺財旺)이기 때문에 자신과 입장이 동등한 여자를 원한다. 또한 사회생활을 하는 여자를 좋아하는데, 그의 입장에서는 사회적으로 활동하는 여자를

만나는 것이 좋다.

　클린턴의 사주를 보면, 부인이 제왕의 자리에 위치해 있으므로 힐러리 역시 왕이 될 확률이 있다. 물론 힐러리의 사주도 봐야 하고, 왕은 하늘이 내는 것이기에 클린턴의 사주만으로 힐러리가 대통령이 될 거라 확신할 수는 없겠지만 말이다.

　재가 왕하기 때문에 경제정책 수립 등에서 매우 영리하여, 경제를 성장시키는 데 큰 재능을 가졌을 수 있다. 여러모로 르윈스키 추문 사건만 빼면 상당한 현군이 아니었을까 한다.

# 조지 W. 부시

George W. Bush
대를 이어 집권에 성공한 정치가

## 奇門

陰曆: 1946年 6月 8日 卯時
陽曆: 1946年 7月 6日 卯時

| 8 | 8 | 1 | 3 | |
|---|---|---|---|---|
| 辛 | 辛 | 甲 | 丙 | 二 |
| 卯 | 巳 | 午 | 戌 | 一 |
| 時 | 日 | 令月 | 火年 | |
| 4 | 6 | 7 | 11 | |

八局　上元　小暑　陰遁

조지 W. 부시
(George Walker Bush)

Born on  6 July 1946
　　　at 07:26 (= 07:26 AM)
Place　New Haven, Connecticut,
　　　41n18, 72w56
Timezone　EDT h4w
　　　(is daylight saving time)

| 火 &lt;世&gt; | | 年殺 | 月支 | 金 | 天馬 | 日劫 |
|---|---|---|---|---|---|---|
| 傷氣 | 八五 | 丁壬 | 芮陰 | 義生體 | 三十兄 | 己乙 | 柱蛇 | 死命 | 十三鬼 | 庚丁 | 心直 |
| 帶 | | 建 | 53 5 木 | | 旺 36 火 | ○病 | 衰 土 | 69 41 |
| | 年殺 | | 時支英合 | 時干 月干 日干 | | 伏歲劫 伏日馬 | | 制害 | 杜五八 害己 官 | 丙己 | 蓬天 |
| 驚迫德祿 | 九四孫浴 | 乙癸 | 62 45 木 | 戰局 | 二一財 | 辛 | 90 6 土 | ○死 | | | 82 21 金 |
| 木華 | | 歲馬 日亡 | 歲干 | | 歲亡 | 水華 | | 歲支 |
| 和 | 景宜 | 四九孫 | 壬戊 | 甫虎 | 休歸 | 一二父 | 癸丙 | 沖武 | 開魂 貴墓 | 六七父 | 戊庚 | 任地 |
| 生 | | | 養 土 | 77 30 | 胎 | | 水 | 70 38 | 胞 金 | | | 88 13 |

아버지에 이어 대통령이 된 조지 부시는 정치인으로서는 의외로 관(官)이 없고 구멍이 뚫려 있는데, 천반(天盤)의 관귀(官鬼)가 나타나 있고 정격삼형(正格三刑)을 작하고 있다. 이 삼형(三刑)의 요소는 정치인의 기질로 보기도 한다.

따라서 부시의 정치적 성향이나 재능이 본격적으로 드러난 시기는 45세 이후에 찾아온 후반기 운에서일 듯하다. 특히 46~53세 때가 관운(官運)이라, 이 시기에 본격적으로 정치적 입지를 넓혀 나갔을 수 있다.

하지만 관귀가 없는 특성상 권력의 본질에 대한 이해라든가 이미지 관리 등의 면에선 꽤 약할 수 있고, 상생(相生)이 되지 않는 특성상 앞을 내다보는 안목이 부족할 수 있다. 평소 이미지는 소탈하면서도 지략가이며 머리도 좋지만, 금목충(金木冲)과 수화충(水火冲)이 겹치는 통기 특성상 상당한 다혈질이다.

특히 천반운(天盤運)에 들어서서 왕(대통령)이 되었는데(46세 이후가 천반운이고, 현대에서는 그전에 왕이 되는 경우가 드무니까 지금으로서는 당연한 일이긴 하다), 천반운이 삼형이라 전쟁 등을 일으키는 기질이 있다.

신왕재왕(身旺財旺)에 중궁재(中宮財)로, 재(財)는 왕(旺)하나 재극인(財剋印)을 매우 심하게 하므로 경제정책 관련 문제도 다소 있을 수 있다. 재극인을 할 경우 재무관리 자체는 잘하지만 사업을 하면 망하는 경향이 있다. 부시 시대에 미국 경기가 침체된 것을 보면 대통령으로서 경제정책을 다루는 일은 재무관리의 영역보다는 사업가의 영역에 속하는 모양이다.

조지 W. 부시

# 버락 오바마

Barack Obama

미국 최초의 흑인 대통령

## 奇門

陰曆: 1961年 6月 23日 戌時
陽曆: 1961年 8月 4日 戌時

| 1 | 6 | 2 | 8 | |
|---|---|---|---|---|
| 甲 | 己 | 乙 | 辛 | 八 |
| 戌 | 巳 | 未 | 丑 | 九 |
| 時 | 日 | 令 | 年 | 土 年 2 |
| 11 | 6 | 月 8 | | |

五局　中元　立秋　陰遁

> 버락 오바마
> (Barack Hussein Obama II)
>
> Born on   5 August 1930
>          at 00:31 (= 12:31 AM)
> Place   Wapakoneta, Ohio,
>         40n34, 84w12
> Timezone   EST h5w
>         (is standard time)

| 火 &lt;世&gt; 時 日 歲劫<br>干 干 劫日<br>迫 驚 四 己 甫直<br>德 三 義 49<br>衰 病 木 3 | 年殺<br>死 九 癸 英<br>歸 八 癸 天<br>義 兄 76<br>死 火 38 | 金 歲干 月<br>生 辛 支<br>魂 辛 芮<br>六 辛 地<br>一 60<br>父 43<br>胞墓 土 |
|---|---|---|
| 傷 五 庚 沖<br>氣 二 庚 蛇<br>孫 54<br>旺 木 45 | 歲亡<br>日亡<br>貴 八 戊<br>九 90<br>怨嗔局 鬼 土 12 | 歲馬<br>日馬<br>開 一 丙 柱<br>宜 六 丙 武<br>父 80<br>胎 金 23 |
| 木華<br>制 十 丁 歲支<br>休 七 丁 任<br>害 孫 陰<br>祿 建帶 土 79 30 | 水月<br>制 景 壬 蓬<br>體 七 壬 合<br>浴 十 67<br>財 水 42 | 水月 天馬<br>制 二 乙 時支<br>杜 五 乙 心<br>命 財 虎<br>○生 養 金 82 17 |

미국 최초의 흑인 대통령인 버락 오바마는 순양(純陽)의 사주를 가졌다. 보통 순양이나 순음(純陰)이면 그 자체로 독특한 카리스마를 가지는데, 클린턴과는 달리 성국(成局)이 되지 않아 전체가 깨지는 통기를 가지고 있다. 권위나 카리스마 자체는 관귀(官鬼)가 왕(旺)하고 삼살(三殺)이 되는 등으로 말미암아 매우 충분하다.

특이할 만한 사항은 관귀(官鬼)가 너무도 무시무시하게 왕하다는 것, 관귀로 모든 것이 쏠리면서 얻어맞고 있다는 점이다. 관귀가 왕하므로 관귀를 쓰는 직업을 가져야 하는데, 정치계나 언론 방송계, 법조계는 관귀를 쓰는 대표적인 분야다.

관귀에게 얻어맞을 때는 주변을 지배하거나 괴롭힘을 당하거나 둘 중 하나의 양상으로 나타나는데, 타고난 수완과 언변, 거기에 수려한 외모가 겹쳐져 주변을 지배하고 끌어당기는 쪽으로 이 관귀를 이용한 듯하다. 하지만 그렇지 않은 경우도 있는데, 특히 10대 시절에는 괴롭힘을 받는 쪽, 즉 차별 등을 당하는 것으로 나타났을 수도 있다.

18~23세 때 학문 닦기가 매우 잘되면서 재능을 발휘할 수 있는 시기가 오는데, 이때 학업에 매진하고 주변의 인정을 받기가 아주 좋았다. 리더십이 본격적으로 나타나는 시기는 아마도 재능을 발휘할 수 있는 길격(吉格)이 나타난 24~30세 때의 손운(孫運)이었을 것으로 보인다. 이때 문서에 관한 징조가 아주 좋은데, 이 시기에 하버드대학교 로스쿨에서 편집장을 맡았다. 인생의 여자를 만나는 시기이기도 하다.

이 사주가 맞는다면, 버락 오바마가 상원의원에 당선된 시기는 정격삼형(正格三刑)이 나타나는 44~45세 때다. 원래 삼형(三

버락 오바마

刑)은 흉한 사건사고를 겪을 수 있는 험난한 운으로 보지만, 정치·권력계에서는 권위로 쓰일 수도 있다고 한다. 이 예시를 보더라도 삼형이 정치인에게는 써먹을 수 있는 권위인 듯하다. 대통령에 당선된 시기는 관운(官運)으로, 이거야 뭐 관을 쓰는 직업인 정치인의 특성상 그다지 새삼스러운 특징은 아니다.

# 6부
# 큰 업적을 남긴 사람들

# 마리 퀴리,
# 이렌 졸리오-퀴리, 이브 퀴리

Marie Curie, Irène Joliot-Curie, Ève Curie

5개의 노벨상을 수상한 퀴리 일가

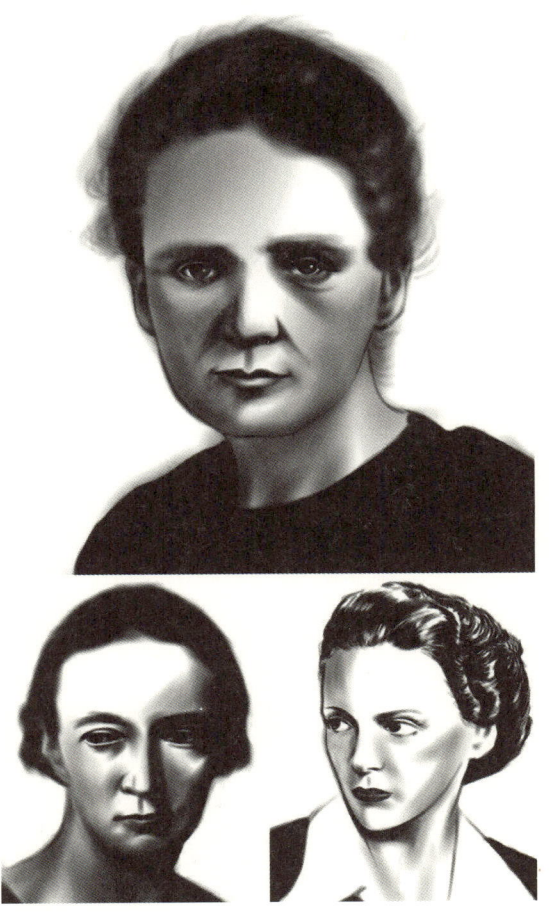

과학계 최고의 집안이라면 뭐니 뭐니 해도 퀴리 일가일 것이다. 여성 최초의 노벨상 수상, 최초의 노벨상 두 번 수상, 최초의 모녀 수상 등 퀴리 집안에서만 무려 5번이나 노벨상을 수상하였다. 이에 과학계는 마리 퀴리의 연구 업적을 기려 방사능 단위에 '퀴리(Ci)'라는 이름을 붙였다.

퀴리 부인으로 잘 알려진 마리 퀴리의 업적은 어린 시절부터 접한 수많은 위인전들을 통해 익히 들었을 테고, 두 딸 역시 걸출한 업적을 남겼다. 큰딸 이렌 졸리오-퀴리는 어머니와 같은 과학자의 길을 걸어 남편과 함께 노벨상을 수상하였다. 둘째딸 이브 퀴리는 실력 있는 피아니스트였으며, 작가로서의 재능을 살려 퀴리 부인의 전기를 출간해 스테디셀러 작가가 되었다. 사회운동가로도 유명하다.

그럼, 이들 일가의 사주를 보도록 하겠다.

# 奇門

陰曆: 1867年 10月 12日 午時
陽曆: 1867年 11月 7日 午時

| 1 | 8 | 7 | 4 | 二 |
| --- | --- | --- | --- | --- |
| 甲 | 辛 | 庚 | 丁 | 八 |
| 午 | 卯 | 戌 | 卯 | 年 |
| 時 | 日 | 令月金 | 金 | 4 |
| 7 | 4 | 11 | 4 | |

三局　下元　立冬　陰遁

마리 퀴리
(Marie Curie, Maria Salomea Skłodowska)

Born on   7 November 1867
          at 12:00 (= 12:00 noon)
Place   Warsaw, Poland,
        52n15, 21e0
Timezone   LMT m21e0
        (is local mean time)

| 火 迫驚命墓 | 八二財 | 乙乙 胞木 | 甫蛇 90 3 | 歲馬日馬 | 時干義死害貴 | 日干三七財 ○六儀擊刑 胎 | 辛辛 火 | 時支英直 65 33 | 金 生氣 ○六儀擊刑 生養 | 十十官 | 己己 土 | 芮天 61 45 | 華 |
| --- | --- | --- | --- | --- | --- | --- | --- | --- | --- | --- | --- | --- | --- |
| <世> 傷魂 六儀擊刑 | 九一 死木 | 戊戊 | 歲支沖陰 54 1 | | | 二八孫 和局 | 丙 土 | 82 11 | 伏歲亡伏日亡 開體 浴 | 五五鬼 | 癸癸 金 | 天馬 柱地 74 20 | |
| 木 制休歸病 | 四六兄 衰 | 壬壬 土 | 任合 69 26 | 月干 制景宜 旺 | 一九父 | 年殺 庚庚 水 | | 62 42 | 歲日 歲干 制杜德 祿 | 六四父 | 丁丁 金 | 月支心武 80 15 | |

마리 퀴리 241

## ① 마리 퀴리

여성의 몸으로 노벨상을 두 번이나 받은, 즉 노벨 물리학상과 노벨 화학상을 수상한 천재 과학자 마리 퀴리의 사주다.

그녀는 인아생손(印我生孫)의 전형적인 기술자의 사주를 가지고 태어났다. 이는 앞으로 볼 퀴리 전 일가에게서 공통적으로 발견되는 특징이다 (남편인 피에르 퀴리는 시간정확도가 떨어져 사주를 해단하지 않았다).

대단한 외골수에 침착한 평화주의자로, 관(官)은 없고 중궁(中宮)의 손(孫)이라 여자로서만 살기는 힘들며 자의식도 대단히 강하다. 이것은 20세기 초까지 사회적 업적을 남긴 여자들에게서 잘 나타나는 특징들이다.

현대 여성들은 관인상생(官印相生)의 사주로 사회적 성공을 성취하는 경우가 많은 반면, 19세기 당시 여자들은 극관(剋官)을 하거나 중궁에 손이 나타난 경우가 많다. 이러한 여자들은 일반적인 사회풍토에 젖지 않고 자의식이 강해 자신의 길을 개척했던 것으로 보인다. 아마 관인상생 같은 사주였으면 당시 사회가 인정하는 여자로서의 성공을 추구했을 것이다. 즉 좋은 남자에게 시집가서 잘 사는 것이 당시 여자들의 성공적인 삶이었기에 아마 그 길을 선택했을 것이다.

하지만 현대에 와서는 사회가 인정하는 여자로서의 성공이 꼭 결혼에 한정된 것이 아니기 때문인지, 관인상생으로 사회적 성공을 쟁취하는 여성들도 꽤 많다.

관이 없어서 애초 여자로서의 삶엔 관심이 없었으며, 외골수로서 대단한 끈기와 집중력을 가지고 있다. 천반삼형(天盤三刑)이라 카리스마도 있고, 평범한 학문보다는 획기적인 학문도 추구했음을 볼 수 있다.

## 奇門

陰曆: 1897年 8月 16日 亥時
陽曆: 1897年 9月 12日 亥時

| 10 | 10 | 6 | 4 | |
|---|---|---|---|---|
| 癸 | 癸 | 己 | 丁 | 三 |
| 亥 | 酉 | 酉 | 酉 | 六 |
| 時 | 日 | 令月金 | 年 | |
| 12 | 10 | 10 | 10 | |

三局　中元　白露　陰遁

> 이렌 졸리오-퀴리
> (Irène Joliot-Curie)
>
> Born on　12 September 1897
> 　　　　at 22:00 (= 10:00 PM)
> Place　Paris, France,
> 　　　　48n52, 2e20
> Timezone　LST m2e20
> 　　　　(is standard time)

| 火 義景害 | 九十財 | 乙 | 甫合 70 37 木 衰 病 | 年殺 和杜命 死 六儀擊刑 | 四五財 | 辛辛 死 火 | 英陰 85 12 | 金 義開體 貴墓 胞 六儀擊刑 | 一八兄 | 己己 79 土 27 | 月干 芮蛇 |
|---|---|---|---|---|---|---|---|---|---|---|---|
| 和休宜 六儀擊刑 | 天馬 十九鬼 旺 | 戊戊 木 | 沖虎 78 36 | 歲亡日亡 和局 | 三六父 | 丙 土 | 61 43 | 〈世〉 和死氣 胎 歲劫日劫 | 時干日干六三 | 癸癸 金 | 月支 歲支 柱直 51 3 |
| 木 義驚德 建 | 五四官 帶 | 壬壬 土 | 任武 90 7 | 華 義傷魂 浴 | 二七孫 | 庚庚 水 | 蓬地 81 19 | 水 和生歸 ○生 養 | 歲干 七二孫 金 | 丁丁 58 45 | 時支 心天 |

## ② 이렌 졸리오-퀴리

　부모를 닮아서 과학에 천부적인 소질을 보였으며, 유일한 노벨상 모녀 수상에 빛나는 이렌 졸리오-퀴리의 사주다.
　화국(和局)에 복음(伏吟), 인아생손의 요소가 어머니 마리 퀴리와 많이 닮았음을 볼 수 있다. 사지화살(四支化殺)의 귀인격(貴人格)이라 어머니보다는 좀 더 편한 환경에서 연구했을 것이다. 천지반(地盤) 모두 인아생손으로, 전형적인 연구직·기술직의 사주다. 다만, 어머니보다 훨씬 고지식하고 고집스러우며 답답한 면이 있었을 수 있다.
　어머니처럼 그녀 또한 관이 없어서 정치적 성향이나 세속적인 명예 등엔 관심이 없고, 오로지 연구실에만 틀어박혀 연구하고 또 연구하는 성품이었을 것으로 보인다. 28~36세 때 관운이 들어 인생의 인연을 만나는데, 이 시기에 남편 프레데릭 졸리오-퀴리를 만나 결혼하였다(결혼 후 남편의 성과 자신의 성을 합쳐 '졸리오-퀴리'라 하였다).
　마리 퀴리와 마찬가지로 인수운 때 노벨상을 수상했는데, 이 시기가 38~43세 때다. 이후 말년운들도 비교적 괜찮아서, 진행하던 연구를 계속하며 비교적 순탄하고 즐겁게 살았을 것으로 보인다. 천반(天盤)의 비견겁운(比肩劫運)으로, 역시 종명운으로

보지 않는 운에 세상을 떠났다. 아마도 마리 퀴리처럼 방사능이라는 외부 요인의 영향을 받았기 때문일 것이다.

그런데 이후의 62~70세 때도 관운이라, 이 시기엔 방사능 영향이 없었다 해도 지병인 폐결핵이 크게 악화되었을 수가 있다. 그래도 흉격은 없어서, 방사능 노출 없이 정상적으로 살았으면 82~85세 때의 관운이 종명운이 아니었을까 한다.

비교적 좋은 운에 세상을 떠나서인지, '사는 동안 너무 즐거웠기 때문에 죽어도 미련이 없다'는 말을 남겼다고 한다.

## 奇門

陰曆： 1904年 10月 30日 巳時
陽曆： 1904年 12月 6日 巳時

| 6 | 1 | 2 | 1 |
|---|---|---|---|
| 己 | 甲 | 乙 | 甲 |
| 巳 | 戌 | 亥 | 辰 |
| 時 | 日 | 令月 | 年 |
| 6 | 11 | 水 12 | 5 |

一七

이브 퀴리
(Ève Denise Curie)

Born on   6 December 1904
         at 09:00 (= 09:00 AM)
Place   Paris, France,
        48n52, 2e20
Timezone   LST m2e20
         (is standard time)

一局　下元　大雪　陰遁

| 火義 華蓋 天馬 景魂 時支 心蛇 壬丁 七一父 58 38 | 時干 日干 和 宜 杜死 二六父 戊己 蓬直 83 18 火 | 金義 月干 開德 ○墓 九九鬼 乙 任天 75 35 土 |
| 歲亡 歲劫 伏歲劫 伏日亡 | 日馬 | |
| 六儀擊刑 衰 病 木 | | 胞 |
| 年殺 和 休命 貴 旺 八十財 辛丙 柱陰 66 37 木 沖局 | 一七孫 癸 51 45 土 | 年殺 和 死歸 ○胎 四四官 丙辛 沖地 90 7 金 |
| 木義 驚體 建 三五財 乙庚 芮合 86 12 帶土 | 義 傷害 浴 十八兄 己戊 英虎 81 26 水 | 水<世> 歲干 華 歲馬 和 生氣 祿生 五三 丁壬 甫武 50 3 養金 月支 |

### ③ 이브 퀴리

이브 퀴리는 어머니인 마리 퀴리나 언니인 이렌 졸리오-퀴리와 마찬가지로 인아생손이며, 언니와 마찬가지로 나무(木), 그중에서도 양목(陽木)이다. 자녀 둘 다 양목인 것으로 보아선 아마도 피에르 퀴리 쪽이 양목이 아닐까 한다. 나무들은 외모가 수려한 경우가 종종 있는데, 이렌 졸리오-퀴리 역시 어머니 쪽 보다는 아버지 쪽을 많이 닮아 외모가 괜찮았다.

특히 이브 퀴리는 굉장한 미인이었는데, 사주로도 문괘(門卦)가 몹시 아름답고 매력이 철철 넘치는 것을 볼 수 있다. 이브 퀴리는 퀴리 일가 중 가장 아름다워서 그 미모로도 유명세를 떨쳤고, 외골수에 정치력이나 사교성 따위가 전혀 없었던 마리 퀴리나 이렌 졸리오-퀴리와는 달리 사교계에서 상당히 인기가 있었다고 알려져 있다.

또한 참을성 많은 화국에 답답한 외골수인 복음이었던 어머니와 언니와는 달리, 이브는 예술가적 기질을 지닌 수화충국(水火冲局)에 몹시 바쁘게 돌아다니는 것을 좋아하는, 복음과는 정반대의 성향인 반음대격(返吟大格)을 지니고 있다. 이는 이브 퀴리의 인생을 봐도 확연히 보인다. 평생 연구만 하고 살았던 앞의 둘과는 달리 이브 퀴리는 다방면으로 사회 활동을 하며 평생을 돌아다니며 살았다.

다만, 중궁의 손인 점이 마리 퀴리와 닮았는데, 이것이 피아니스트로서의 재능으로 나타났다. 어머니 마리 퀴리도 피아니스트로서의 재능이 뛰어났던 것으로 알려져 있다. 마리 퀴리보다는 이브 퀴리의 사주가 훨씬 더 예술가적인데, 비현실적인 연구 세계에 갇혀 살았던 마리 퀴리나 이렌 졸리오-퀴리와는 달리 현실 세계에서 즐겁고 생동감 있게 사는 것을 훨씬 좋아하였다.

또한 수화충국인 데다 문괘가 아름답고 정화(丁火)가 문(門)을 만나 대단히 매력적이고 세련되었을 것인데, 실제로 이브 퀴리는 매우 멋쟁이였다고 한다. 때문에 멋과는 동떨어진 삶을 살았던 마리 퀴리가 딸 이브 퀴리의 복장을 보고 크게 놀랐다는 일화도 있다.

문장을 뜻하는 천보(天甫)에 정화가 문을 만나 문장 또한 뛰어나다. 이러한 맥락에서 언론인이자 베스트셀러 작가가 된 듯하다.

어쨌든 뛰어난 언론인이자 문장가인 이브 퀴리 덕에, 그러잖아도 신화적인 가족인 퀴리 일가의 이야기가 전 세계에 널리 퍼질 수 있었다.

문괘가 아름답고 신왕(身旺)한 사람답게, 100세가 넘도록 강건하게 오래 살았다. 방사능 문제가 아니더라도 가족 중 가장 신왕하고 문괘가 아름다운 것으로 봐서는 실제 건강도 이브 퀴리가 가장 좋았을 것이다.

# 알버트 아인슈타인

### Alvert Einstein
### 과학계의 아이콘

## 奇門

陰曆: 1879年 2月 22日 午時
陽曆: 1879年 3月 14日 午時

| 1 | 3 | 4 | 6 | |
|---|---|---|---|---|
| 甲 | 丙 | 丁 | 己 | 五 |
| 午 | 申 | 卯 | 卯 | 六 |
| 時 | 日 | 令月 | 木年 |  |
| 7 | 9 | 4 | 4 |  |

一局　上元　驚蟄　陽遁

알버트 아인슈타인
(Alvert Einstein)

Born on　14 March 1879
　　　　at 11:30 (= 11:30 AM)
Place　Ulm, Germany,
　　　48n24, 10e00
Timezone　LMT m10e00
　　　(is local mean time)

| 火 時干 制 生害 ○浴 | 辛辛 一十財 帶 | 甫直 88 18 木 | 華和命 傷 | 六五財 | 乙乙 | 時支英蛇 58 38 火 | 金 義 驚體 六儀擊刑 | 三八 胎 | 己己 養 | 芮陰 48 8 土 | 華 |
|---|---|---|---|---|---|---|---|---|---|---|---|
| 歲劫 制 死宜 建 | 天馬 二九官 | 月支庚庚 90 17 木 | 歲支沖天 | 五六父 | 壬 | 日亡 87 24 土 | 月干 義 休氣 胞 | 年殺 八三兄 | 丁丁 | 柱合 73 29 金 | 歲亡日馬 |
| 木 日干 義 開德 貴 | 七四鬼 旺 | 丙丙 衰 | 任地 65 33 土 | 義 杜魂 病 | 年殺 四七孫 | 戊戊 | 蓬雀 52 45 水 | 水 迫 死祿墓 | 九二孫 景歸 | 癸癸 | 心陳 82 26 金 | 歲馬日劫 |

과학계의 아이콘처럼 세계에서 가장 유명한 천재 과학자, 알버트 아인슈타인의 사주다.

아인슈타인은 앞서 소개한 퀴리 일가의 사주와는 확연히 다른, 관인상생형(官印相生形) 사주를 가졌다. 때문에 손수 만들고 끓이고 물질을 만들어 내는 연구를 추구한 퀴리 일가와는 달리, 이론적인 탐구에 더 큰 재능을 보인 듯하다.

흉격(凶格)이 꽤 많은데, 격형(擊刑)·패란(悖亂)·전격(戰格) 등의 흉격들을 가지고 있다. 패란 등은 기존의 이론을 뒤엎고 새로운 방향을 창출하는 재능으로 발전할 수 있다. 아인슈타인처럼 문괘(門卦)를 만나 삼은신(三隱神)을 이룬 패란이라면 더더욱 좋은 방향으로의 패란을 할 수 있다.

삼은신으로 인해 재능이 아주 뛰어남을 볼 수 있으며, 바로 써먹을 수 있는 응용력을 겸비한 이론 연구에 큰 재능이 있다.

흉격이 많은 것이 훗날 자신의 이론이 원자폭탄의 기초가 되는 데 영향을 미친 듯하다. 본인 자체는 삼형이라거나 4대 흉격 같은 건 없어서 그렇게까지 폭력적인 성향은 아니다. 다만, 결과가 원자폭탄이라 해도 명예와 돈을 원하는 세속적인 성향은 분명히 가지고 있다. 관(官)이 왕(旺)하고 사회생활에서의 모습이 아름다운 점 등 연예인스러운 모습도 가지고 있다. 이런 모습으로 인해 재능도 재능이지만 스타 과학자로서의 이미지 관리 능력이나 매력도 상당했을 것이다.

희한하게도 마리 퀴리, 이렌 졸리오-퀴리, 아인슈타인 모두 복음(伏吟)이다. 복음은 한 우물만 파는 외골수의 성향이 강하며, 엉덩이가 무겁다. 이러한 성향으로 인해 연구자들은 복음국(伏吟局)인 것이 유리한 듯하다.

# 스티븐 킹

Stephen King

전 세계에서 가장 많은 책을 판매한 대중소설가

# 奇門

陰曆: 1947年 8月 7日 子時
陽曆: 1947年 9月 21日 子時

| 9 | 10 | 6 | 4 | 二 |
| 壬 | 癸 | 己 | 丁 | 九 |
| 子 | 卯 | 酉 | 亥 |   |
| 時 | 日 | 令月 | 金年 |   |
| 1 | 4 | 10 | 12 |   |

一局　中元　秋分　陰遁

**스티븐 킹**
(Stephen Edwin King)

Born on　21 September 1947
　　　　at 01:30 (= 01:30 AM)
Place　Portland, Maine,
　　　　43n40, 70w15
Timezone　EDT h4w
　(is daylight saving time)

| 火　歲干　傷德　○旺 | 八三父 | 丁丁 表 | 歲亡日 甫虎 90 木 5 | 月干 義 生歸 貴 | 三八父 | 己己 建 | 英合 65 火 40 | 金 死魂 祿浴 | 十一官 | 乙乙 帶 | 華陰 芮陰 61 土 45 |
|---|---|---|---|---|---|---|---|---|---|---|---|
| 〈世〉 迫 驚氣 病 | 九二 | 丙丙 木 | 歲馬日馬 沖武 54 2 | 天馬 日干 戰局 | 二九 財 | 癸 土 | 歲劫日劫 82 14 | 制 杜宜 生 | 五六鬼 | 辛辛 金 | 月支柱蛇 74 25 |
| 木 和 景害 死墓 六儀擊刑 | 四七兄 | 庚庚 土 | 任地 69 32 胞 | 年殺 休體 | 一十孫 | 戊戊 水 | 時支蓬天 62 44 胎 | 水時干 開命 養 | 六五孫 | 壬壬 金 | 歲支心直 80 19 |

현존하는 세계에서 가장 유명한 대중소설가 중 한 명이며, 전 세계에서 3억 5천만 부 이상의 책을 판매한 스티븐 킹의 사주다. 철저한 상업 작가면서도 순수문학 관점에서 어느 정도는 인정받고 있으며, 의심할 여지없는 천재 작가라고 할 수 있다.

작가는 인수(印綬)가 있어야 할 법도 한데, 인수는 눈 씻고 찾아봐도 없고 대신 관귀(官鬼)가 왕(旺)해서 얻어맞고 있다. 이는 앞서 샤넬 등 최고의 천재 디자이너의 사주에서도 발견된 특징이다. 아무래도 작가는 학문보다는 예술의 영역이며, 예술가는 인수보다는 관귀나 물과 불이 부딪히는 수화충(水火沖), 재능을 뜻하는 을병정(乙丙丁) 등이 중요한 것으로 보인다.

물론 디자이너들 중엔 인수가 없고 관귀가 왕한 샤넬형 디자이너도 있고, 발렌시아가나 지방시처럼 인수와 관이 매우 왕한 엘리트형 디자이너도 있었듯이 작가도 그럴 것이다. 아마도 학자형 작가들 중에 인수가 왕한 작가가 있을 듯하다.

인수가 없다는 점 때문에 기존의 문단계에 얽매이지 않고 자유로이 상업 작가로 활동하게 된 듯하다. 관인상생(官印相生)이 되어야 상업 작가로서 활동할 줄 알았는데 의외도 있나 보다. 관이 왕한 사람이 상업적인 길을 걷는 것은 앞서 샤넬의 사주에서도 보았었다.

스티븐 킹은 인수가 없는 관계로, 기존의 방식이나 관습보다는 스스로의 영감에 의지하여 글을 쓰는 유형이다. 또한 외골수로, 글 쓸 때의 집중력은 무서우리만큼 강할 것이다. 대단히 감성적이며 변덕스러운 면이 있고, 순발력 또한 뛰어나다. 관귀에게 얻어맞는 작가 타입은 글을 빨리 쓰며, 대하소설보다는 단발성 소설을 주로 쓰는 듯하다.

식신생재(食神生財)를 하기 때문에 대단히 공처가이며, 실제로도 부부금슬이 좋은 것으로 알려져 있다.

관귀에게 얻어맞으면 정신적인 문제가 다소 있을 수 있는데, 특히 스티븐 킹은 머리를 뜻하는 곳에 망(網)이 쳐져 있고 패란격 등이 있다. 이러한 점은 작가적 재능으로 승화되기도 하나, 이것이 어느 정도는 문제를 일으켜 알코올, 코카인 중독 등에 빠졌었다. 특히 망에 쳐져 있으면 중독성 물질을 탐닉하게 되는 것으로 보기도 한다.

후반기 운에서 가장 조심해야 할 시기는 75~80세로, 이때쯤 질병에 걸리거나 종명할 가능성이 있다.

사주 전반기나 후반기 모두 물과 불이 부딪히는 수화충이 되고 있기 때문에, 아마도 평생에 걸쳐서 창작 활동을 하는 것이 좋을 것으로 보인다.

패란격, 스스로 죄를 뒤집어쓰는 격 등의 흉조로 인해 흉악한 일들이 일어나는 소설들을 쓰게 된 게 아닐까 한다. 특히 결정적으로, 도화살(桃花殺)이 붙은 점잖은 일거리 쪽을 놔두고 절명(絶命)의 흉조에 비밀스런 일들이 일어나는 일거리 쪽으로 성국(成局)에 묶여서 가는 것을 볼 수 있다. 이것으로 보아 고풍스런 연애소설도 쓴다면 쓸 수 있겠지만, 대체적으로 추리소설이나 죽음이 횡횡한 작품 등이 어울릴 것으로 보인다.

# 움베르토 에코

## Umberto Eco
### 학자형 작가의 대표

## 奇門

陰曆: 1931年 11月 28日 酉時
陽曆: 1932年 1月 5日 酉時

| 2 | 2 | 7 | 8 |
|---|---|---|---|
| 乙 | 乙 | 庚 | 辛 |
| 酉 | 丑 | 子 | 未 |
| 時 | 日 | 令月 | 水年 |
| 10 | 2 | 1 | 8 |

二局 　上元 　小寒 　陽遁

一三

움베르토 에코
(Umberto Eco)

Born on   5 January 1932
　　　　at 18:30 (= 6:30 PM)
Place   Alessandria, Italy,
　　　　44n54, 8e37
Timezone   MET h1e
　　　　(is standard time)

| 火 月干<br>杜 癸 柱<br>體 七 庚 合<br>墓 財 65<br>六儀擊刑 胞木 25 | 年殺 歲馬<br>景 二 壬 心 陳<br>氣 二 丙 財<br>胎 90<br>火 3 | 金 華<br>制 休 乙 蓬 雀<br>害 九 戊 五 鬼<br>生養 82<br>土 12 |
|---|---|---|
| 日馬<br>迫 開 八 戊 芮 陰<br>歸 六 己<br>死 兄 73<br>六儀擊刑 木 18 | 天馬 歲亡<br>日劫 歲干<br>一 三 辛<br>孫<br>和局 58<br>土 28 | 時支<br>制 傷 四 丁 任 地<br>命 十 癸<br>浴 官 52<br>金 45 |
| 木 〈世〉<br>生 三 丙 英 蛇<br>魂 一 丁<br>48<br>病衰 土 1 | 時干 日干 年殺 月支<br>迫 死 十 庚 甫 直<br>德 四 乙<br>父<br>旺 水 88 7 | 水 歲劫<br>日亡<br>驚 五 己 沖 天<br>宜 九 壬<br>父 57<br>貴 ○建帶 金 37 |

움베르토 에코는 앞의 스티븐 킹과는 아주 다른 유형의 소설가다. 스티븐 킹이 영감에 많은 것을 의지하는 상업 작가라면, 움베르토 에코는 연구와 학문에 바탕을 둔 학자형 작가다.

앞서 스티븐 킹의 사주를 해단하면서 학자형 소설가는 인수(印綬)가 왕(旺)하지 않을까 예상했는데, 역시 에코는 관인상생(官印相生)이 됨을 볼 수 있다. 더군다나 화국(和局)에 손(孫)이 왕하고, 신약(身弱)이면서 인수를 먹는다. 신약이면서 인수를 먹고 손이 왕한 것은, 앞서 퀴리 일가의 학자들 사주에서도 볼 수 있었다. 손이 왕한 것은 일벌레로서의 면모, 신약하면서 인수를 먹는 것은 연구자나 학자로서의 학문적 집착, 거기에 화국 특유의 참을성과 끈기가 결합되어 대단한 학식의 학자가 될 수 있었다. 거기에 정인(正印)을 먹으니 학계에서 인정받는 순수문학 작가가 된 듯하다.

물론 스티븐 킹도 학계의 인정을 받긴 했지만, 어쨌든 상업 작가가 그 정체성인 스티븐 킹과 천재 학자이자 순수문학가인 에코는 매우 다른 유형의 작가라 할 수 있다.

이러한 학자로서의 특성 외에도 그는 어마어마한 재능을 가졌다. 재능을 뜻하는 을병정(乙丙丁) 삼기(三奇)가 모두 있고, 그중 두 개는 발휘할 문(門)을 만났으며, 그중 하나는 문장을 뜻하는 주작(朱雀)이 있다. 역시 문장을 뜻하는 천보(天甫)도 가지고 있다. 다만, 이것만 보면 학자로서의 저서를 내는 재능에 더 적합해 보인다.

그런데 에코의 사주는 예술가답게 흉격(凶格)과 깨진 흐름을 같이 갖고 있다. 사주가 그저 청정하면서 관인상생만 했으면 그냥 학자로서만 살았을 것도 같은데, 극관(尅官)으로 흐름이 깨

지면서 주작투강(朱雀投江)의 요사스런 끼를 가지고 있다. 이러한 특성으로 인해 학문을 잘 연구하고 발전시키는 것만으로 만족하지 않고 기존 법칙을 깨부수는 반군 기질이 있으며, 흉격과 사기성과 끼로 인해 딱딱한 공부만 하는 것에 만족하지 않고 유머와 창작성을 가질 수 있었던 듯하다.

극관의 기질은 가르치는 사람으로서의 재능을 뜻하기도 하고, 더군다나 인수가 있는 관인상생의 극관이면 학식도 뛰어난 선생이며, 거기에 중궁손(中宮孫)이면 대학생 이상의 제자들과 잘 맞는 것으로 본다. 에코는 이러한 면모를 빠짐없이 갖추고 있어, 전형적인 교수의 사주이기도 하다. 그는 소설가이기 전에 대단히 뛰어난 천재 학자이자 교수였다.

그의 첫 소설 데뷔작이자 대표작이며 20세기 최고의 걸작으로 꼽히는 《장미의 이름》을 낸 시기가 흥미롭다. 천반(天盤)의 인수운(印綬運)인데, 주작투강격과 욕(浴)끼가 있다. 이것은 살인자들에게도 종종 발견되는 흉격이며, 요사스러운 끼를 뜻한다. 이것이 살인과 모략이 나오는 추리물을 쓰는 것으로 승화되었고, 원래 가지고 있던 천재 학자로서의 재능이 합쳐져 아주 정교한 걸작이 나왔다. 흉격과 길격(吉格)이 합쳐진 아주 모범적인 예시라고도 할 수 있다.

에코는 학자형 작가로서 상업 작가인 스티븐 킹과 아주 다른 유형의 사주를 가지고 있는 점이 재미있다.

# 닐 암스트롱

## Neil Armstrong
### 최초의 달 착륙인

닐 암스트롱과 버즈 올드린은 지구 역사상 최초로 달 표면에 첫 번째 발과 두 번째 발을 내딛은 사람들이다.

세계 최초로 달에 발을 디딘 지구인으로 꼽히며 영웅으로 추앙받는 이 인물들의 사주를 보기 전에 든 생각은 아마도 좋은 사주를 지닌 사람들은 아닐 것이라는 예상이었다. 일반적인 현실에서는 살아가기 힘든 사주를 가진 자들이 풍운아가 되는 경우가 많다. 지구를 떠나 달나라에 발을 디딜 정도면 아마도 평범한 방법으로는 살기 힘든 험난한 사주를 가졌을 것이라 예상했고, 적어도 이 두 사람은 예상대로였다.

## 奇門

陰曆: 1930年 閏6月 11日 子時
陽曆: 1930年 8月 5日 子時

| 7 | 4 | 10 | 7 |
|---|---|---|---|
| 庚 | 丁 | 癸 | 庚 |
| 子 | 亥 | 未 | 午 |
| 時 | 日 | 令月 | 年 |
| 1 | 12 | 8 | 7 |

五局　中元　立秋　陰遁

닐 암스트롱
(Neil Armstrong)

Born on  5 August 1930
　　　　 at 00:31 (= 12:31 AM)
Place   Wapakoneta, Ohio,
　　　　 40n34, 84w12
Timezone   EST h5w
　　　(is standard time)

| 火 和 休氣 帶 | 天馬 七五孫 建 | 丙己 木 | 柱天 58 44 | 月干 制體 ○ | 開杜 旺 | 二十孫 | 乙癸 火 | 歲支心地 83 30 ○ | 金華 迫 病 | 杜命 | 九三父 衰 | 壬辛 土 | 月支蓬武 75 35 |
|---|---|---|---|---|---|---|---|---|---|---|---|---|---|
| 時干 義 貴 | 歲干 景德 八四財 浴 | 辛庚 木 | 芮直 年殺 66 39 | | | 一一鬼 | 戊 土 | 伏歲劫 51 45 | 和 死 | 生害 | 四八父 | 丁丙 金 | 任虎 90 15 |
| 木 日干 迫 傷宜 生 | 三九財 養 | 癸丁 土 | 英蛇 歲馬日 和 86 24 | 年殺 胎 | 驚歸 | 十二兄 | 己壬 水 | 歲亡馬日 時支甫陰 51 32 | 水 祿 | <世> 死魂 胞 | 五七 墓 | 庚乙 金 | 華 沖合 50 7 |

닐 암스트롱은 금목충(金木冲)과 수화충(水火冲)이 겹치고 매우 신약(身弱)한 데다 중궁쌍관(中宮雙官)에게 얻어맞고, 일간(日干) 일지(日支)가 충(冲) 관계로 있고, 문괘(門卦)가 좋지 않으며, 4대 흉격(凶格) 중 하나라는 계가정(癸加丁) 등사요교(螣蛇妖嬌)의 흉격이 등사까지 만나 흉이 증폭된, 2권에서 다룰 연쇄살인마들과 비교해도 꿀리지 않을 정도로 매우 흉악한 사주를 가지고 있다.

하지만 기문학에서 써먹지 못할 사주는 없다. 아마도 이러한 기질로 인하여 현실적인 삶을 영위하기보다는 미지의 세계에 대한 도전욕과 담대함 등을 가지고 있었을 것이다. 현실적이고 일반적인 세계에서 살아가기 힘든 사주이니 미지의 세계로 눈을 돌리게 되고, 미지의 영역에서 삶의 보람을 찾는다. 2권에서 다루는 살인마들은 그 영역을 살인에서 찾은 결과 그런 참담한 사건들을 불러일으킨 반면, 닐 암스트롱은 그 영역을 우주에서 찾아 영웅이 되었다.

또 한 가지, 아마도 하늘을 나는 것들을 상징하는 천마(天馬)가 좋을 것이라 예상했는데 이 역시 맞았다. 이 좋은 천마가 나타나는 시기는 40~44세인데, 바로 이때에 인류 최초이자 지구 역사상 최초로 달나라에 첫 발을 내딛는 업적을 세웠다.

관귀(官鬼)가 왕(旺)한 사람은 한 번 명예를 얻으면 마르고 닳도록 그 명예를 써먹을 수 있다. 암스트롱은 매우 관귀가 왕하여 달 착륙으로 얻은 명예를 달 착륙자들 중에서 가장 많이, 평생 누리고 살았다. 그러나 험악한 사주의 특성상 안전한 삶보다는 모험하는 삶이 더 맞아서 이후 비행을 하지 못해 꽤나 심심해 하지 않았을까 한다.

전반적으로 명예운이 가장 강한 사주답게 당시 탑승한 세 명 가운데 암스트롱 홀로 '최초의 달 착륙인'이라는 명예와 함께 가장 큰 유명세를 아직까지 누리고 있다. 재밌는 것은 이 중 운 나쁘게 '콩라인(1등에게 가려져 조명받지 못하는 만년 2등들을 가리키는 신조어)'이 되어, 닐 암스트롱에게 모든 명예를 양보한 모양새가 되어 버린 버즈 올드린의 사주다.

# 버즈 올드린

Buzz Aldrin
달 착륙 '콩라인'의 전설

## 奇 門

陰曆: 1929年 12月 21日 未時
陽曆: 1930年 1월 20日 未時

| 10 | 7 | 4 | 6 |
|---|---|---|---|
| 癸 | 庚 | 丁 | 己 |
| 未 | 午 | 丑 | 巳 |
| 時 | 日 | 令月 | 年 |
| 8 | 7 | 2 | 6 |

九　中　大　陽
局　元　寒　道

버즈 올드린
(Edwin Eugene Aldrin, Jr.)

Born on  20 January 1930
         at 14:17 (= 2:17 PM)
Place   Glen Ridge, New Jersey,
         40n48, 74w12
Timezone   EST h5w
         (is standard time)

| 火 制生歸 養 | 五四兄 | 丙壬 | 歲支柱地 69 木 19 生 | 和 傷德 祿 | <世> 十九 浴 | 年殺 丁戊 火 | 歲亡日馬 心天 49 9 | 金義驚宜 建 | 日干 七二官 | 六儀擊刑 己庚 帶 | 日亡 時支蓬直 82 土 12 |
|---|---|---|---|---|---|---|---|---|---|---|---|
| 制死體 胎 | 年殺 六三財 | 庚辛 | 芮雀 75 木 15 | 時干 | 天馬 九五父 和局 | 癸 | 64 土 24 | 義休魂 旺 | 三奇上吉門格 二七鬼 | 乙丙 | 任蛇 52 金 37 |
| 木義開命 胞墓 | 華 一八財 | 戊乙 | 月支英陳 50 土 45 | 歲干義杜氣 死 | 八一孫 | 壬己 水 | 甫合 90 10 | 水月干迫景害 病 | 三六孫 ○衰 | 辛丁 | 華歲馬日劫 沖陰 55 金 30 |

버즈 올드린은 관인상생(官印相生)이 모두 비견겁(比肩劫)에게 가는, 즉 관인상생의 운을 경쟁자나 동료에게 모두 빼앗기는 사주 흐름을 갖고 있다. 이 때문에 항상 잘난 누군가와 함께해야 하며, 모든 공이나 명예를 동료나 경쟁자에게 양보해야 하거나 빼앗길 수 있다. 비견겁운으로 가장 안 좋은 것은 비견겁이 군겁쟁재(群刦爭財)를 하거나 관인상생을 가져가는 것인데, 버즈 올드린은 이 두 가지가 동시에 일어나고 있다.

닐 암스트롱과 마찬가지로 현실에서는 억울하게 살기 딱 좋은 사주다. 아마 이 때문에 현실적인 일보다는 우주로 눈을 돌리게 되었을 것이다. 다만, 사지화살(四支化殺)에 화국(和局)이라 닐 암스트롱보다는 평화주의자에 성격도 좋고 안전지향주의 기질도 있다. 즉 닐 암스트롱은 이러다 죽어도 상관없다는 태도로 임무를 수행했다면, 버즈 올드린은 반드시 모두 살아남아 귀족처럼 사는 것을 목표로 임무를 수행했을 수 있다.

버즈 올드린 역시 천마(天馬)가 매우 좋다. 재밌는 것은 닐 암스트롱도 천마가 매우 왕(旺)한 토(土) 자리에 있고, 버즈 올드린 역시 마찬가지라는 점이다. 아마도 지구인으로서 가장 큰 새로운 땅덩이(달)를 정복하게 된 것은 이 덕분이 아닐까 한다.

그런데 관인상생이 내가 아닌 비견겁에게 이루어지는 특성상, 최초의 달 착륙인 등의 명성을 모두 비견겁에게 넘겨주었다. 많은 사람들이 닐 암스트롱 이름은 익히 들어 알고 있지만, 버즈 올드린은 그보다 훨씬 덜 유명해 설명을 들어야만 안다.

관인상생이 비견겁에게 되면 늘 비견겁과 함께해야 하고, 비견겁과 세트로 묶여 살아가는 것이 좋다. 또 그렇게 살게 되기 쉬운데, 버즈 올드린은 현재까지도 단독으로 언급되는 일이 거

버즈 올드린 271

의 없으며 언제나 닐 암스트롱과 함께 언급된다.

또 재밌는 것은 버즈의 이름을 딴 영화 캐릭터, 버즈 라이트이어다. 〈토이 스토리〉 시리즈에 등장하는 버즈 역시 세컨드 주인공이며, 늘 비겁겁과 세트로 나온다(버즈는 대개 우디라는 주인공과 함께 등장한다). 자신의 이름을 딴 캐릭터마저 그러한 특성을 갖고 있는 것이 재미있다.

# 7부
# 역사 속 인물들

# 영조와 논개
## 극길반흉(極吉反凶)의 대표

## 奇門

| | | | |
|---|---|---|---|
| 1甲戌時 11 三局 | 1甲戌日 11 下元 | 1甲戌月令 11 寒露 | 1甲戌年 11 陰遁 |

四八

| 火 義 景命 死墓 | 歲亡日 乙乙 66 木 37 | 甫陰 十二鬼 | 和 杜害 六儀擊刑 | 辛辛 77 火 22 | 英蛇 五七官 病 | 金 義 開氣 貴 ○ 六儀擊刑 | 時干 己己 旺衰 土 | 日干 歲干 二十父 | 芮直 69 34 |
|---|---|---|---|---|---|---|---|---|---|
| 和 休魂 六儀擊刑 | 年殺 戊戊 67 木 35 胞 | 一一孫 沖合 | | 四八財 沖局 | 丙 57 土 45 | 天馬 和 死體 ○ | 七五父 建 | 癸癸 金 | 柱天 90 9 |
| 木 義 驚歸 胎 | 歲日劫 壬壬 養 土 | 六六孫 任虎 83 15 | 劫 義 傷宜 生 | 三九兄 | 庚庚 72 水 31 | 蓬武 | 歲馬日 水華 和 德 浴 | <世> 時支 生 八四 帶 | 月支 丁丁 金 | 歲支 心地 丁 53 4 |

276 7부 역사 속 인물들

조선 중기의 기생 '논개'와 조선의 제21대 왕 '영조'는 사주가 똑같다. 두 사람 모두 갑술년(甲戌年) 갑술월(甲戌月) 갑술일(甲戌日) 갑술시(甲戌時)에 태어났다.

개 술(戌)자가 네 개, 그래서 이름이 논개가 되었다고 한다.

똑같은 사주인데, 한쪽은 꽃다운 나이에 왜군 대장과 함께 진주 촉석루에서 스러졌고, 한쪽은 장장 52년간 왕으로 군림하며 온갖 업적을 이룩하고 부귀영화를 누렸다. 확실히 사주가 같다고 해서 똑같은 삶을 누리는 것은 아닌가 보다.

그럼, 대체 왜 두 사람은 그렇게 다른 삶을 살았을까?

기문학에서는 '극길반흉(極吉反凶)', '극흉반길(極凶反吉)'이라는 말이 있다. 길함이 지나치면 오히려 흉이 되고, 흉함이 지나치면 오히려 길이 된다는 말이다.

논개와 영조의 사주를 보면, 사지(四支) 문(門)과 괘(卦)가 모두 길한 데다 사간(四干)의 문과 괘마저 모두 길하다. 매우 보기 드문 사주로, 이를테면 극길(極吉)인 것이다.

영조는 왕위를 얻을 수 있는 신분으로서, 극길을 모두 누릴 가능성이 열려 있는 귀한 신분으로 태어났다. 따라서 이 극길은 행운으로 작용해, 극길을 모두 누릴 수 있는 위치에 올라섰다. 하지만 논개는 태생과 환경상 절대로 극길을 누릴 수 없었다. 결국 극길을 누릴 위치에 있지 않았던 논개는 극길의 사주 때문에 오히려 극흉의 삶으로 치달은 것이다.

하지만 열 받았다고 아들을 한여름 땡볕에 뒤주 속에 가두고 날름 죽여 버린 영조나, 열 받았다고 왜군 장수를 껴안고 강물 속으로 날름 뛰어든 논개나 성격은 비슷했던 것 같기도 하다.

기문으로 풀이한 사주상으로 두 사람 다 쇠와 나무가 부딪히

영조와 논개 277

는 금목충(金木冲)의 바탕이라 한 번 시작하면 끝장을 보고, 하고 싶은 건 곧 죽어도 하는 성격이다.

또한 두 사람 다 복음이라 외골수에, 옥녀(玉女, 丁加丁)가 생문(生門)을 만나 매우 총명하고 지혜로운 사주다.

그럼, 보다 자세하게 두 사람의 사주를 풀어보도록 하자.

### ① 영조

일단 사지는 생문복덕(生門福德), 사간은 개문생기(開門生氣)의 길격(吉格)들이 가장 먼저 눈에 띈다. 더군다나 옥녀가 생문을 만난 옥녀수문격(玉女守門格)까지 있다.

영조에게 있어서 이 옥녀수문격은 매우 중요한 의미였을 수 있다. 왜냐하면 옥녀수문은 옥녀(玉女)가 자리를 보전한다 하여, 자신의 직위와 위치를 결코 잃지 않고 수호해 주는 길격이기 때문이다. 더군다나 백살(百殺)이 불침하고 도적이 범접하지 못한다 하니, 자신의 직위를 강탈당하지 않고 위험이 있어도 살아나게끔 하는 길격이라 할 수 있다.

이것은 영조에게 아주 중요한 길격이다. 더군다나 극길의 사주이니 옥녀수문의 길격이 최고로 발휘됐으리라 생각된다.

영조는 왕자의 직위, 왕세제의 직위, 왕의 직위를 차례로 받은 뒤 그것을 모두 지켜 냈다. 이 모든 것을 무사히 지켜 냈다는 것이 신기할 정도로 당시 영조의 상황은 좋지 않았으며, 이 직위들을 위협하는 일이 수차례 있었다. 왕세제 때는 말할 것도 없고, 왕이 되자마자 일어난 초거대 규모의 반란인 '이인좌의 난'도 빠르게 성공적으로 막아 냈다.

이러한 것은 옥녀수문격의 영향인 듯하다. 이인좌가 기문둔갑을 알고 영조의 사주를 보았다면, 난을 일으키기 전에 심사숙고를 거듭하지 않았을까 한다.

문괘가 좋은 극길의 사주인 만큼 건강 상태도 극도로 좋았다. 영조대왕은 한겨울에도 베옷 차림으로 다녀도 고뿔 한 번 걸리지 않았다고 알려져 있으며, 환갑만 넘어도 천수를 누린 걸로 여겼던 조선 시대에 83세까지 살았다. 이것은 요즘 시대에도 발견하기 힘든 강건 체질이다. 아버지인 숙종도 영조를 가리켜 '건강하니 오래 살겠다'는 말을 했다는 기록이 있다.

정가정(丁加丁)이 생문에 삼은신(三隱神)까지 만났으니, 대단히 영특하고 학문적 성취에 천재적인 기질도 있었을 것이다.

또한 바탕이 금(金)과 나무(木)가 부딪히는 금목충국(金木沖局)인데, 이럴 경우 성격이 아주 급하고 화끈하며 고집스럽다. 기면 기고 아니면 아닌 게 지나치게 확실하고, 한 번 시작하면 끝장을 보는 성미다. 거기다 한 번 욱하면 행동으로 바로 옮기고, 생각은 그다음에 할 만큼 충동적인 기질도 있다.

다만, 복음에 음효라 속을 드러내지 않고 신중한 면도 있었으리라 생각된다. 목적을 위해선 얼마든지 속을 드러내지 않고 계산된 행동을 할 수 있는 성격이다.

하지만 길격이 많고 옥녀가 문(門)을 제대로 만났으니, 자신

영조 279

의 영악한 재능을 나쁜 일에 쓰지 않았을 것이다. 즉 잘못된 정치로 백성들을 고통스럽게 하지 않는, 좋은 왕이 되었을 거라 생각된다.

재(財)를 직극하고 있는데, 재는 임금에겐 신하로도 해석되므로 신하들에게 매우 무시무시한 왕이었을 것으로 짐작된다. 반면, 중전 등의 소위 '왕의 여자들'에게는 결코 좋은 남자가 되지 못했을 것이고, 재 위에 사구금(四九金)이 있는 것으로 보아 일반적인 요조숙녀는 좋아하지 않았을 것으로 판단된다.

길격이 극도로 많은 사주가 왕으로서 나라를 부흥시키게 할 수는 있었어도, 충국(冲局)의 변덕스럽고 히스테리컬한 성격에 극도로 편협한 성격까지 좋게 바꿔 놓지는 못하였다. 기가 극도로 몰려서 통기가 깨져 있기 때문에 극도로 편협하고, 좋고 싫음이 정신병적으로 지나쳐서 주변 사람들을 불안하게 만드는 성격은 그대로 나타났다.

부모의 사주와 자식의 사주가 일정 부분 닮은 경우가 많은데, 아마도 영조와 사도세자의 경우가 그러한 듯하다. 사도세자는 영조의 극길은 닮지 못하고, 충국의 정신병적 불안함에 극단적인 성격만 닮은 것은 아닐까 한다.

5~9세가 인수운(印綬運)인데, 이때 연잉군에 봉해졌다. 인수운은 현대에 와서도 입시나 승진 등에 좋은 운이다. 다만, 이때 공(空) 맞은 부모궁에 사문(死門), 천마(天馬)에 혈연을 끊는 위력이 있다는 복음천라격(伏吟天羅格)까지 붙어 있어 부모궁에 해당하는 사람이 험한 죽음을 맞이할 수 있는데, 어쨌든 인수운이라 자기 자신에게 해가 되진 않는다.

바로 이 시기에 장희빈이 '무고(巫蠱)의 옥'으로 사사되었다.

영조의 부모궁에 그 징조가 나타나 있는 것으로 봐서는 계모뻘이라 할 수 있는 장희빈의 죽음에 그의 친부모가 깊이 개입되었을 가능성이 있고, 그것이 영조에게는 결코 해되는 일이 아님을 볼 수 있다. 다만, 부모궁에 인연이 끊어지는 징조인 복음천라격이 붙어 있는 것으로 봐서, 이 사건으로 말미암아 영조의 친어머니인 숙빈 최씨가 숙종에게 버림받았다는 설은 어느 정도 사실이었을 가능성이 있다.

10~15세 때는 손운(孫運)으로, 남자는 이 시기에 여자를 쫓는 경우가 많다. 따라서 이 운 때 결혼을 많이 하는데, 영조도 이 시기에 결혼을 하였다. 그런데 경문(驚門), 백호(白虎) 등 결혼에 좋지 않은 징조들이 여럿 보이는 것으로 보아선 부인과의 사이가 좋지 않았음은 사실이었을 가능성이 크다.

16~22세 때는 관운(官運)이니, 정치적으로 대단히 예민한 시기였을 것이다. 그러나 명예나 직위로 해석되기도 하므로, 이때부터 강한 압박감과 중압감을 강요당했을 수 있다. 이때부터 숙종도 연잉군을 왕의 재목으로 생각했을 가능성이 있다.

또 칠화(七火)의 관(官)은 구설화란으로 나타나기도 하는 데다 자형을 하니, 아마도 노론과 남인 사이에 아주 치열한 공방전이 이 시기에 펼쳐졌을 것이다. 아마도 이 시기에 영조가 노론의 꽃 역할을 하기 시작했을 수가 있다.

그러나 23~31세 때는 강력한 경쟁자(兄爻)와 충돌하는 시기로, 경경전격(庚庚戰格)이 있는 것으로 보아선 경쟁자인 경종과 죽기 살기로 경쟁했을 것으로 보인다. 하지만 경쟁자가 자신만 못한 것으로 나와 있는 것으로 보아선 재능이나 입지 등에서 영조가 우위였을 가능성이 크다. 이 시기에 경쟁자로부터 목숨

을 많이 위협당한 것으로 보인다.

하지만 경쟁자도 자신을 직접 치고 있지 않고, 자신도 경쟁자를 직접 치지 않는 것으로 보아선 둘 사이가 그리 나쁘진 않았을 것 같다. 그러므로 야사에서처럼 영조가 직접 경종을 죽인 것은 아닐 가능성이 크고, 경쟁자의 문이 상문(傷門)인 것으로 보아선 경종의 건강이 이미 안 좋은 상태였을 것이다. 하지만 역시 경경전격이 있으므로 영조가 직접 움직이진 않았다 하더라도 경쟁자의 건강을 해치는, 그 어떤 사건은 벌어졌을 가능성이 있다.

31세부터는 개문생기(開門生氣)의 인수운이 찾아와서 활짝 필 수 있는 최고의 기회를 얻을 수 있는데, 이 나이가 되자마자 왕위에 올랐다. 기가기(己加己)는 병인필사(病人必死)라 하여 '병자는 필히 사망'이라는 징조인데, 그것이 인수가 되어 영조를 살려주고 있다. 이는 아마도 병자였던 경종의 죽음이 전화위복이 된 것을 뜻할 수도 있다. 병자는 필히 사망이라는 징조까지 있는 것으로 보아선, 어쨌든 경종은 병으로 죽은 듯하다.

또 주목할 만한 것은 사도세자가 죽은 운이다. 영조 나이 68세 때 벌어진 일인데, 이때는 공(空) 맞은 천반(天盤)의 관귀운(官鬼運)이다. 공 맞은 관귀는 배고픈 귀신이라 하여, 이에 큰 말썽이나 사고가 벌어지게 된다.

그다음 주목할 만한 것은 죽었을 당시의 운인데, 손운 혹은 공 맞은 관귀운에 죽은 것으로 보인다. 노인에게 손운은 기력을 빼앗아 가므로 좋은 운이 아닌 데다 지라점장격(地羅占蔣格), 백호 등 여러 가지 위험한 징조가 붙어 있고, 그다음 운은 아예 사문의 공 맞은 관귀운이라 확실한 절명운(絶命運)이라 할 수 있다.

 대체로 성미가 급하고 현상이 확실하게 일어나는 충국이라 그런지, 운대에 들어가자마자 관련 사건이 제대로 일어나는 양상을 보이고 있다. 거기다 지극히 편고하며, 후반기 운으로 갈수록 비견겁(比肩劫)의 세력이 득세하고 있다. 말년에 영조의 판단력이 흐려져서 외척들의 득세가 심해 실정을 했다는 말도 일리가 있다.

 하지만 옥녀가 수호하는 극길의 사주이니만큼 근본적으로는 백성을 생각하는 좋은 임금이었고, 전반적으로는 나라를 긍정적으로 다스린 대왕이었음은 누구나 부인할 수 없는 사실이었을 것으로 보인다.

## ② 논개

논개의 경우, 사주 자체는 영조와 완전히 같은 틀이지만, 대상의 성별과 삶이 바뀌니 그에 맞는 해단이 필요하다. 기문학은 같은 사주라도 그 사람이 놓인 상황과 성별에 따라 해단이 달라진다.

충국에 편고한 사주라 논개 역시 아주 고집이 세고, 행동력과 결단력이 극도로 강하며, 한 번 마음먹은 일은 기어코 해내고야 마는 성미였을 것이다. 좋아하는 것과 싫어하는 것이 뚜렷하여 증오하는 것은 어떻게든 파괴하고야 마는 기질 역시 다르지 않다. 다만 역시, 사지길격(四支吉格)의 귀인(貴人)의 풍모를 갖추고 있어 그 분노가 정당한 방향으로 폭발하여 결국 죽음으로써 명예를 얻는다. 즉 살아 있을 때는 결코 누릴 수 없었던 극길의 위치를 사후에 비로소 누릴 수가 있었다.

논개 역시 옥녀각시인데 욕(浴)끼까지 탔다. 옥녀각시는 자체로 매력과 끼가 많은데, 거기다 여자이니 대단한 매력을 지녔을 것이다. 문괘(門卦)가 몹시 좋은 것으로 보았을 땐 외모도 지극히 아름다웠을 가능성이 크다. 문괘가 아름답다고 꼭 외모가 아름다운 것으로 나타나진 않고, 그만큼 화려한 지위를 누리는 것으로 나타나기도 한다. 아마도 영조는 그런 식으로 화려한 지위를 누리는 것으로 나타났을 것이다. 영조 역시 풍채가 몹시 당당한, 왕으로서는 좋은 외모를 갖추고 있었다는 말이 있다. 즉 논개는 기생이나 여자로서 살기에 최상의 외모를 갖추었을 가능성이 크고, 영조는 아마 왕으로서 살기에 최상의 외모를 갖추었을 것이다.

원래는 양반가의 딸이었다는 설과 관기(官妓)였다는 설 등 여러 가지 설이 도는데, 양반가 자제 출신이었다 해도 사주로 봐서는 어쨌든 기생 신분이었을 가능성이 크다. 그러나 문괘가 좋고 길격에 귀인격(貴人格)이 있으니, 아마도 예기(예술에 능한 기생) 정도의 신분이지 않았을까 한다.

주목할 만한 점은 논개가 죽은 시기인데, 16~22세 때의 왕(旺)한 관귀운에 세상을 떠났다.

영조에게도 이 시기가 쉬운 시기는 아니었겠지만, 관을 써야 하는 정치계에 있었던 만큼 정치적 행보를 할 수 있었다. 하지만 힘없는 여자에 불과했던 논개는 관귀운에 고스란히 치일 수밖에 없었을 것이다.

여자에게는 관귀운이 남자를 만나는 시기로도 보는 운이다. 그런데 이때의 관귀가 매우 왕한 데다 정관(正官)이니, 별 볼일 없는 남자가 아니라 대단한 남자였을 것이고 애인이 아닌 정식 남편, 평생 지아비의 존재였을 것이다.

그 남자의 자리를 보면 자리죄명에 격형(擊刑)까지 걸려 있는데, 그걸로 봐서는 아마도 임진왜란 당시 남강에 투신자살한 장군 최경회가 그 남자였다는 말이 어느 정도 맞을 것 같다. 원래 관이 없어 남자를 탐하는 성격이 아니었고, 관 시기에 만난 남자를 유일한 지아비로 알고 살아갈 지조 있는 여자다. 이때 만

논개 285

난 남자와 매우 진심어린 사이였을 것인데, 사랑과 증오가 엄청나게 뚜렷한 성격이라 지아비를 왜군 때문에 잃은 것이 맞는다면 성격상 왜군 장수를 죽이고도 남음이 있다. 거기다 몹시 영리할뿐더러 하고자 하는 일은 반드시 성취해 내는 성격이 영조뿐 아니라 논개에게도 있다. 이는 손가락 마디마디에 가락지를 낀 지혜와 대비로 나타났다.

생각해 보니 이해가 안 갈 정도로 대단한 일이다. 왜군 장수라면 당연히 힘도 셀 것이고 섬나라 출신이니 수영도 잘했을 텐데, 아무리 가락지를 꼈어도 아녀자 몸으로 어떻게 그럴 수 있었을까? 아마도 논개의 사주에 나타난 길격이 계획한 일은 꼭 이루고야 마는 것으로 나타난 듯하다.

여자의 몸으로 지아비와 조국의 복수를 위해 왜군 장수를 죽이는 일은 이러한 사주로는 충분히 하고도 남음이 있지만, 당시 시대의 여자로서는 상상도 못할 기개와 절개일 것이다. 때문에 죽고 난 뒤에 두고두고 칭송받음으로써, 논개는 결국 살아서 누리지 못한 극길의 귀격을 죽어서 누리게 되었다.

# 양귀비
역사에 남은 절세미인

## 奇門

| 2 | 5 | 7 | 6 |
|---|---|---|---|
| 乙 | 戊 | 庚 | 己 | 二 |
| 卯 | 午 | 午 | 未 | 八 |
| 時 | 日 | 月 | 年 |
| 4 | 7 | 令7 | 火8 |

| 火 時干 | | 歲馬 日亡 | <世> | 月支 | | 金 歲干 | 華 | 歲支 |
|---|---|---|---|---|---|---|---|---|
| 死命 | 八二兄 | | 景害 | 三七 | | 休氣 | 十孫 | |
| 祿 帶 建 木 | | 73 22 | 旺 | | 48 火 7 | 貴 病 衰 | | 89 土 19 |
| 日干 | 年殺 | 時支 | 伏 天馬 | | 伏 歲亡 | | 驚體 | 五五孫 |
| 生魂 | 九一鬼 | | | 二八父 | | | | |
| 浴 | | 木 82 20 | 和局 | 土 | 65 30 | 死 | | 金 57 39 |
| 木 | | 日劫 | 月干 | 年殺 | 歲劫 日馬 | 水 | | 華 |
| 開歸 | 四六官 | | 杜宜 | 一九財 | | 傷德 | 六四財 | |
| ○生養 | | 土 52 45 | ○胎 | 水 | 90 16 | 胞墓 | | 金 63 34 |

당나라 현종의 처이며, 아직도 경국지색의 대명사로 불리는 양귀비 양옥환의 사주를 기문둔갑으로 살펴보자.

백옥 같은 피부와 풍만한 몸매의 절세미녀로 알려진 양옥환의 생년월일시는 기미년(己未年) 경오월(庚午月) 무오일(戊午日) 을묘시(乙卯時)로 알려져 있으나, 절기/삼원/구국의 정보를 알지 못하므로 홍국수만으로 보도록 하겠다.

가장 먼저 눈에 띄는 점은 남자를 끌어들이는 관인상생(官印相生)의 명국(命局)에, 관(官)에 도화살(桃花殺)과 욕(浴)끼, 거기다 관 위의 구금(九金) 등 남자와 관련된 요사스런 말썽의 징조가 나타나 있는 것이다.

우선 양옥환은 전체 화국(和局)에다 목화통명(木火通明)이 되므로 그녀 자체가 악녀는 아니었을 가능성이 크다. 웃는 낯의 화사한 인상에 밝고 쾌활한 성격으로, 남달리 영특하고 예의 바르며 이상이 크고 높은 편이다. 더군다나 전체 화국으로 말썽·다툼·싸움을 싫어하는 평화주의자 성격이다. 평온하고 화목한 삶, 유유자적한 삶을 누리길 바라며 생존본능이 매우 강하다.

다만, 바닥과 자형을 하는 불의 경우 자체가 살성(殺性)으로, 특히 구설화란에 휩싸이기 쉽다.

더군다나 남자궁에 탁한 끼가 많이 흐르는 데다 말썽거리를 나타내는 구금이 동해 있으므로, 남자 문제에 변동수를 겪는다. 이럴 경우 살권(殺權)을 지닌 남자나 외국인 등을 만나지 않으면 남자 관련해 변동수를 겪을 수 있다. 관 위에 상수 구금이 일임해 있을 때는 심각한 연상이나 심각한 연하 등, 나이 문제에 심각한 결함이 있는 남자와 잘 맞는다.

만일 그녀의 첫 남편이 왕위계승권을 가진 남자였다면 아마

살권으로 승화되어 백년해로했을지도 모르나, 남편 자리에 망신살과 함께 살권이 동해 있으므로 결국 팔자대로 망신살에 가까운 요사스런 사건 끝에 살권을 가진 왕의 여자가 되었다.

관인상생에 화국, 거기다 일지상수에서 상생관계에 있으므로 아마 첫 남편에게도 사랑받는 아내였을 것이다. 다만, 결혼 시기가 손운(孫運)인 것으로 봐서는 원래 남편이 애초 썩 마음에 드는 편은 아니었을 수 있고, 21~22세 때 남편이 바람을 피웠을 가능성도 있다.

현대 같았으면 남자에게 가장 사랑받는 시기인 23~30세 때 결혼했을 것이고, 이때가 그녀의 결혼적령기다. 결국 어떤 남자든 가만히 있어도 끌어들일 수 있는, 즉 사주에서의 결혼적령기 나이가 되자마자 그녀는 현종을 홀딱 반하게 하여 관과 관련된 사건들을 모두 겪은 끝에 현종의 비가 되었다. 현종의 비가 된 시기가 인수운(印綬運)인 것으로 봐서는 왕의 사랑은 정신을 못 차릴 만큼 매우 진지하게 진심이었을 것이며, 그 사랑이 평생 유지된 것도 맞을 것이다. 더군다나 인수운인 것으로 봐서는 그녀 인생에서 현종과의 만남은 큰 행운이었을 것이다.

생존본능이 강한 화국인 것으로 봐서는, 현종의 청을 받아들이는 게 별다른 말썽 없이 주변의 상생(相生)을 위한 길이어서 선택한 것이었을 수 있다. 여자는 인수운에 특히 사랑받길 원하므로, 인수운의 여자는 보통 자신에게 진실한 남자를 선택한다. 더군다나 양옥환은 능소능대하고 과감하며, 기존의 법칙이나 관습에 얽매이지 않는 끼 많은 성격이었다. 거기다 당시 국가가 비교적 개방적인 당나라였으므로 파격이긴 해도 본인의 입장에서는 충분히 할 만한 선택이었을 것이다. 왕(旺)한 불의 특성상 일처리가 과감하며, 한 번 결정하고 나면 죄책감 따위는 그다지 없었을 것이다.

사주에 재(財)가 없어, 의외로 재물을 밝히는 타입은 아니었다. 다만, 풍족하게 누리는 삶 자체는 즐기는 편이며, 현종과 신하들 등 주변 사람들이 알아서 갖다 준 재물이 상당했을 것이다. 재가 없어 재물 관리에 관심이 별로 없고 인정이 많아 남에게 퍼주기를 좋아하므로, 오히려 낭비된 재물은 있었을 것이다. 또한 천반재극인(天盤財剋印)을 하므로, 측근의 신하들이 탐진하게 만든 재물도 꽤 있었을 수가 있다.

그런데 그녀의 사주에서는 관이 지나치게 약한 편이다. 여자의 사주에서 관이 약한 경우, 남자의 지위나 자리 등을 위태롭게 만들 수 있다. 따라서 지위가 높은 남자, 특히 사업가 등은 관이 왕한 여자를 만나는 게 좋다. 관이 약할 경우, 일국의 왕보다는 월급쟁이 정치인을 만났을 때 더 잘살 수 있었을 것이다. 아마도 현대에 태어났다면 연예계 활동을 하다가 나중에 살권을 쓰는 법조계 남자나 의사 등과 혼인하여 평생 잘 먹고 잘 살지 않았을까 한다.

관인상생의 특성상 남자에게 사랑받는 기질은 원래 타고난 데다 34세까지도 원상통기(圓狀通氣)이므로 현종과의 관계는 좋았을 것이다. 이때까지도 별다른 문제없이 대단히 좋은 금슬을 유지했을 것으로 보인다.

문제는 35~39세 때의 극관운(剋官運)에 발생한다. 원래도 관이 약한 데다 관을 치고 있으므로, 이때는 특히 남자의 직위를 위태롭게 만들 수 있다. 현대 같았으면 이혼 위기를 겪거나 남편이 죽을 수도 있다. 또는 현대에서 사회생활을 할 수 있는 여

양귀비 291

자였다면 열정적으로 일하는 것으로 극관의 기질을 풀었을 수 있다.

그러나 당시 상황에서 귀비의 신분을 가진 그녀로서는, 특히 남자가 전부였던 사주를 가졌기에 극관은 아주 치명적이었다. 원래 여자의 사주에서는 남자 문제와 관련해 극관을 가장 안 좋게 보는데, 특히나 남자 자체가 모든 것이었던 귀비의 입지로서는 가장 위태로운 시기가 될 수밖에 없었다. 만일 양귀비가 내쳐지지 않았다면 현종의 신변에 심각한 위기가 생겼을 것이다. 여자 사주의 남자운에서는 극관이 가장 안 좋다는 것을 증명해 주는, 또 다른 예가 될 수 있다.

여기서 흥미로운 점은 그녀의 사주가 생존본능이 극단적으로 강하다는 신왕(身旺)의 화국이라는 것이다. 즉 절대로 단명할 사주가 아니다.

물론 앞서 설명한 대로 화국은 평화롭게만 살아야 하는 사주이므로, 전쟁터 등에 갇혀 있을 때는 오히려 누구보다 빨리 죽을 수도 있다. 하지만 그녀는 직접 총칼을 들고 싸워야 하는 군인의 신분이 아니었다. 이 사주는 더군다나 외국의 귀인(貴人)으로부터 도움을 받을 수 있는 사주다.

이 모든 사항을 종합해 보고 이 사주로 본다면, 그녀가 '안사의 난' 때 죽지 않고 살아남아 일본으로 도피하여 30년을 더 살았다는 설이 진짜일 가능성도 있다.

일본으로 도피했으면 40~45세 때 관운(官運)이 오므로, 아마 도피하자마자 숱한 남자들의 관심을 끌며 남자를 만났을 것이다. 구멍 뚫린 남자이기 때문에 애인이 자주 바뀌었거나 정식 남편이 아닌 세력가의 숨겨진 애인 등이었을 가능성이 있다. 또한 40대 후반에는 다시 남자를 끌어들일 수 있는 인수운이 오므로, 나이가 든 후에도 연하의 남편을 만났거나 아니면 숨겨진 애인에서 정식 첩이나 부인의 자리에 올라 다시 인생 후반에 평화롭고 부귀한 삶을 누렸을 가능성도 있다.

물론 횡액은 사주로도 피할 수 없다. 하지만 그녀가 횡액으로 비명횡사를 당한 게 아니라면 생존본능이 가장 강한 화국, 거기다 신왕의 화국 특성상 위기에서 살아남았을 가능성은 충분히 있다.

건강 상태는 양호했을 것이다. 체질적으로 강건했을 것이나, 머리가 얻어맞고 있으므로 이유 없는 두통 등은 있었을 수 있다.

# 덕혜옹주

## 비운의 황녀

# 奇門

陰曆: 1912年 4月 9日 戌時
陽曆: 1912年 5月 25日 戌時

| 5 | 8 | 2 | 9 | |
|---|---|---|---|---|
| 戊 | 辛 | 乙 | 壬 | 六 |
| 戌 | 丑 | 巳 | 子 | 二 |
| 時 | 日 | 令月 | 年 | |
| 11 | 2 | 6 | 1 | |

二　中　小　陽
局　元　滿　遁

| 火華亡馬<br>日馬 月支<br>迫開　二庚甫<br>　宜　六庚地<br>　　　財　71<br>○衰　　旺木　26 | 天馬 年殺<br>迫休　七丙英<br>　魂　一丙天<br>　　　財　90<br>　建　　火　8 | 金 時干<br>和景　四辛禽<br>　歸　四戊直<br>　　　孫　78<br>浴祿　　帶土　15 |
|---|---|---|
| 杜　三己沖<br>害　五己雀<br>　　兄　74<br>病　　木　20 | 日干<br>　　六辛<br>　　二父<br>　　　　69<br>沖局　　土　28 | 年殺　日亡<br>驚　九癸柱<br>德　九癸蛇<br>　　孫　62<br>生　　金　45 |
| 木〈世〉　華<br>死　八丁任<br>氣　十丁陳<br>　　　　53<br>死墓　　土　7 | 月歲馬歲<br>干　日劫支<br>迫生　五乙蓬<br>　命　三乙合<br>　　官　83<br>貴　胞　水　11 | 水　歲干<br>制傷　十壬時<br>　體　八壬心<br>　　鬼　63陰<br>胎養　　金　36 |

고종의 일상을 관리·감독한 덕수궁 찬시실(贊侍室, 오늘날의 비서실)의 기록을 보면, "오후 7시 55분에 양춘기에게서 여자 아기가 탄생하였다. 8시 20분에 태왕 전하가 복녕당에 납시었다"라고 적혀 있다.

고종의 늦둥이 고명딸 덕혜옹주는 1912년 양력 5월 25일에 태어났으며, 음력으로는 4월 9일생이다.

덕혜옹주의 사주를 보면, 의외로 재생관인상생(財生官印相生)의 전형적인 공주님 사주임을 알 수 있다.

그러나 지나치게 태신약(太身弱)하면서 관살혼잡(官殺混雜)에 관귀(官鬼)에게 얻어맞고 있으며, 배신수인 오불우시격(五不遇時格)도 있는 것을 볼 수 있다. 또한 수화충(水火冲)이라 대단히 감성적이다. 만일 현대에 태어났다면 예능이나 예술 쪽 직업을 가져 정신적 고충을 승화시키며, 미남자에 훤칠하고 재능 많은 잘난 남편을 만나 사랑받으며 살 수 있는 여자의 사주다.

하지만 조선 말기에, 그것도 왕의 딸로 살아가기엔 어려움이 컸다. 덕혜옹주의 사주에 나타난, 오불우시의 관(官)에게 얻어맞는 흉은 말 그대로 대세의 흐름에 얻어맞으며 정신적 징후로 나타나는 수밖에 없었다.

태신약에 수화충하면서 관귀에 얻어맞고, 그러면서도 관인상생(官印相生)을 하기 때문에 전형적인 공주님 특유의 자존심과 위세를 갖고 있으면서도 대단히 나약한 유리 멘탈(유리처럼 깨지기 쉬운 정신)이다. 이러한 나약한 정신(마음)과 매우 예민하고 섬세한 감성이 그 당시 시대 흐름에 얻어맞고 일제에 뒤통수를 맞으면서 정신병 징후로 나타난 듯하다.

토(土)가 나무(木)에 얻어맞아 지나치게 신약(身弱)할 경우

정신적으로 피폐할 수 있다는 것은 이미 이기목 선생님도 언급한 적이 있다. 그래서인지 이렇게 나무에 아래위로 얻어맞고 있는 신약한 토의 경우, 다른 흉격(凶格)이 없어도 정신질환을 앓을 가능성이 많다. 2권에 나오는 허버트 멀린의 경우도 이처럼 수화충에 목 바닥의 매우 신약한 토이며, 정신분열증이 발발한 것이 범죄의 원인이 되었다. 마이클 잭슨 역시 이와 비슷하게 매우 신약한 수화충의 토이나, 예술로 그 기질을 승화시키고 명예에 피폐할 정도로 시달리는 것으로 대신하여 정신병까진 오지 않았다. 이렇게 신약하여 얻어맞는 토의 경우는 피폐한 정신을 승화시킬 수 있는 일을 하며, 바쁘게 사는 것이 좋은 듯하다. 그러나 승화시키기는커녕 일제로 인해 더욱 정신이 피폐해졌던 덕혜옹주는 흉을 피할 수 없었다.

의외인 것은 남편 자리인 정관(正官)의 모양새다. 정관은 삼은신(三隱神)을 타고 모양새가 아름다우며 귀인격(貴人格)을 탄, 격국과 모양새 모두 훌륭한 모습이면서 덕혜옹주에게 관인상생을 하고 있다. 더군다나 삼팔목(三八木)이라 훤칠하다. 남편 자리의 모양새는 수려하고 훤칠하며, 인격적·재능적으로 매우 훌륭하고, 그러면서도 덕혜옹주를 진심으로 사랑해 주는 모양을 띠고 있다.

이것은 사실 의외도 아닌 것이, 덕혜옹주의 남편이었던 소 다케유키와 정확히 일치하는 모양새이다. 대마도 백작 소 다케유키는 현대 기준으로 봐도 꽤 괜찮은 남자였다. 상당한 미남으로 키 크고 훤칠하고 수려했으며, 자신의 실력으로 도쿄대학교를 졸업하고 시와 그림 모두에 능한 인재였고, 인격적으로도 훌륭했다고 알려져 있다. 또한 덕혜옹주와 이혼한 뒤에 아내로서의 덕혜를 그리워하는 시를 남겼고, 죽기 2년 전에 덕혜옹주를 찾아왔던 것으로 봐서는 소 다케유키가 덕혜에게 영 감정이 없었던 것은 아니었고, 나쁜 남편도 아니었을 거라는 예상이 든다.

사주에서 관인상생을 하는 것으로 보아선, 비록 덕혜의 부모를 앗아가고 고통으로 몰아넣은 나라의 사람이긴 해도 남편이었던 소 다케유키와 서로 간에 애정은 있었을 것으로 보인다. 사주에 나타난 남자의 모양새와 소 다케유키가 일치하는 모습이 많기 때문에, 아마 덕혜옹주도 소 다케유키에게 애정이 없진 않았을 것이고, 관인상생을 하므로 남편의 사랑도 받았을 것이다. 또한 남편 자리에 합(合)이 붙어 있어, 적어도 남편은 어지간하면 덕혜옹주와 헤어지지 않으려 했을 수가 있다.

그러나 오불우시에 망(網) 쳐진 관에 얻어맞는 것을 직업이나 창작으로 승화시키지 못했고, 그것은 말 그대로 관귀 곧 질병으로 나타났다. 유리 멘탈이었던 덕혜옹주는 일찍부터 정신분열증을 앓았는데, 본격적으로 진행된 것은 병자필사의 징조가 나타난 16~20세 때였을 듯하다. 12~15세 때도 한창 사춘기였다.

결혼생활이 시작된 21세 이후는 재생관(財生官)을 하며 문괘(門卦)가 좋은 시기라, 결혼 초기에 남편과의 사이가 좋았다는 이야기는 사실일 듯하다. 다만, 전격의 흉조가 나타나므로 정신증의 징후는 있다.

질병이 본격적으로 심해진 시기는 29세 이후부터였을 것이다. 이때는 망이 쳐진 관귀운(官鬼運)에 직접 들어가는 때라 질병이 심화된다. 아마 이전까지는 종종 맑은 모습을 보이기도 했을 것이나, 이때부터는 아예 덕혜옹주의 본모습을 영영 잃어버렸을 수가 있다. 덕혜옹주가 정신병원에 입원한 시기도 이 관귀운으

로, 관귀운이 거의 막바지였던 35세(1946년) 때다. 아마도 질병 정도가 가장 심한 때였을 것이다. 또한 이때 지망차폐(地網遮蔽)가 이중으로 쳐져 있어, 기관에 감금될 징조가 나타나 있다.

비극적인 것은 이다음의 쌍구금(雙九金) 손운(孫運)이다. 37~45세(1948~56년) 때가 쌍구금의 손운으로, 쌍구 자체가 분란과 말썽거리를 뜻한다. 여기에 복음천라(伏吟天羅)의 흉조까지 있다. 환자에게는 불길한 흉조여서 병의 차도는 전혀 없었을 것이며, 이 흉조는 또한 혈연을 끊는 위력이 있는 강력한 이별수의 흉조다. 이 흉조는 말 그대로 혈연들이라 할 수 있는 남편과 딸과의 이별로 나타났다. 이 시기에 이혼과 딸의 죽음이 모두 나타났으니 말이다. 거기다 놀랄 경(驚)의 문패가 있는데, 이것은 이혼수로도 나타난다.

그래도 관귀운이 거의 끝나갈 무렵에 입원시키고 손운이 거의 막바지에 이르렀을 때 이혼한 것을 보면, 남편 입장에서는 나름대로 아내의 처지를 감당해 내려고 노력하다가 부득이하게 내린 결정일 수도 있다.

이 쌍손(雙孫)의 살성(殺性)에 혈연을 끊는 위력이 있다는 복음천라의 시기 마지막 해에 덕혜옹주의 딸 정혜는 자살한다는 유서를 남기고 실종되었다. 덕혜옹주는 딸의 죽음을 끝까지 몰랐다고 한다.

그래도 결국 관인상생인지라, 결국은 국가의 보호 아래 귀국해서 말년은 비교적 편안하게 살았다.

또 흥미로운 사실은 호적이 만들어진 시기와, 남편이었던 소다케유키가 마지막으로 찾아왔던 시기다.

1982년에서야 비로소 덕혜옹주의 호적이 만들어졌는데, 그때는 덕혜옹주가 70~71세(1981~82년), 즉 천반(天盤)의 인수운(印綬運)을 만났을 때다. 인수운은 보통 누려야 할 것을 누리거나 무언가를 얻기에 좋은 시기인데, 이때에 드디어 우리나라 호적을 얻었다.

그리고 72~74세(1983~85년) 시기는 천반의 관운(官運)이며, 이 자리를 보면 남편 자리와 수미복배 자리임을 볼 수 있다. 이때에 덕혜옹주가 사는 낙선재에 노신사 한 명이 찾아왔다. 남편이었던 소 다케유키는 죽기 2년 전, 마지막으로 옛 아내를 보고 싶다며 파파 할아버지가 되어 찾아온 것이다. 당시 소 다케유키는 덕혜옹주를 끝까지 책임지지 못하고 버린 남자라 여겨져 우리나라에서 인상이 매우 좋지 않았다. 그래서 결국 문전박대당하고 돌아갔다. 덕혜옹주의 관인상생되는 사주의 특성상, 그가 찾아온 까닭은 아마 긍정적인 이유였을 것이라 생각된다. 아마도 소 다케유키는 덕혜옹주에게 분명한 애정이 있었고, 그것을 평생 잊지 못한 것이 맞을 듯하다.

비극으로 치달은 덕혜옹주는 오불우시의 관귀에게 얻어맞기 때문에, 일제의 가혹한 처사를 처절하게 겪어야 했다. 그러나 한편으로는 모양새 좋고 왕(旺)한 관으로 관인상생이 되어 국가의 보호나 지원도 받았고 꽤 괜찮은 남편을 만나 사랑도 받았으니, 정신질환이 발발하지 않고 적당한 예술적 취미나 직업을 가졌으면 무난하게 살았을 수도 있다. 그러나 유리 멘탈의 섬세한 감성이 승화되지 못하고, 가혹한 시대 속에서 정신증이 발발해 불행한 삶을 살았다.

# 부록

· 기문둔갑 Q&A
· 기문둔갑 기초지식
· 태청궁 청구태학당(太淸宮 靑邱太學堂) 역대 전맥자
· 태청궁 청구태학당에서 개발한 기문둔갑 프로그램의 종류
· 태청궁 청구태학당 강의 안내

# 기문둔갑 Q&A

Q. 쌍둥이의 사주는 똑같나요?
A. 같지 않다. 보통 선동이, 후동이로 나누는데 후동이는 선동이 다음의 시간을 갖게 된다. 예를 들면, 3시에 태어난 선동이는 축시(丑時)이고, 3시 5분에 태어난 후동이는 태어난 시간상으로는 축시이나 그다음 시(時)인 인시(寅時)가 되는 것이다.

Q. 제왕절개로 태어날 경우에도 사주의 영향력이 있나요?
A. 물론 있지만, 자연분만일 경우보다는 해당 사주의 영향을 덜 받는다고 알려져 있다. 보통 기문학에서는 의사에게 맡길 경우 사주의 영향을 7할(70퍼센트) 정도 받는 것으로 본다. 택일을 해서 낳을 경우에 대해서는 임상을 토대로 본 결과, 대략 절반 정도의 영향을 받는 것 같다. 예를 들면, 필자의 조카는 택일을 해서 관인상생(官印相生)에 화국(和局)의 시간에 태어났지만 성격이 유하지 않아 화국 기질은 아니다. 그러나 영특하고 자기 것을 잘 챙기는 관인상생의 기질은 갖고 있다.

Q. 기문둔갑에서 말하는 가장 좋은 사주와 가장 나쁜 사주는 어떤 것인가요?
A. 최악의 사주니, 최상의 사주니, 못 쓸 사주니 하는 것은 기문에 없다. 물론 '보통 사주 좋다고 말하기 좋은 사주'도 있고, 험한 사주도 있다. 쓰기 좋은 사주도 있고, 쓰기 힘든 사주도 있을 수 있으나, 전혀 못 쓸 사주라는 것은 없다. 예를 들어 좋은 사주라 함은 원상통기(圓狀通氣)를 통기 중에서 최고로 친다. 그다음은 삼원통기이고, 삼원통기 중에서는 관인상생을 더 좋게 보는 경향이 있다.
흉격(凶格)이 많은 것에 삼형(三刑)이 겹치거나, 관귀가 몰아서 얻어맞거나, 모든 통기를 비견겁(比肩劫)에게 빼앗기거나 하는 사주는 일반적으로 좋게 보지 않는다. 하지만 기문학에서 말하는 '일반적으로 좋게 해석하는 사주'라 할지라도, 그에 알맞은 일을 찾지 못하면 그 사주대로 누리지 못하고 살 수가 있다.

또한 난세(亂世)에 영웅이 난다고, 난세에는 통기가 되는 사주보다는 위에서 말한 '일반적으로는 좋게 보지 않는 사주'로 이름을 날리는 경우가 더 많다. 난세가 아니더라도, 이름을 날린 유명인이나 천재들 중에는 통기가 깨져 있거나 흉격·살성(殺性) 등이 많은 풍운아의 사주를 가진 경우가 많다.

1권의 예시에서도, 안경 재벌 델 베키오나 버진그룹 회장 리처드 브랜슨, 유명 디자이너 몇몇이나 배우 몇몇, 달 착륙으로 미국 영웅이 된 우주비행사 등이 모두 기문학에서는 '일반적으로 좋게 보지 않는 사주', 즉 깨지거나 흉격이 많은 사주를 가지고 그 위치에 올랐다. 또한 2권의 예시에서도, 원상통기나 관인상생씩이나 되는 좋은 사주로 희대의 연쇄살인마가 된 사람들을 볼 수 있다.

결국 사주를 어떻게 쓰느냐에 따라, 또 자신이 어떤 선택을 하느냐에 따라 인생은 달라질 수 있다. 아무리 좋은 사주를 가졌더라도 최악의 인생을 살 수도 있고, 또 아무리 나쁜 사주를 가졌더라도 최상의 성공을 할 수도 있는 것이다. 좋은 선택을 하도록 돕는 것이 바로 기문학의 역할이다. 결코 최악의 인생을 살 것이니, 최상의 인생을 살 것이니 하면서 인생의 길을 정해 주는 데 의미가 있지 않다.

Q. 기문둔갑에서 알 수 없는 영역도 있나요?
A. 우리는 신이 아니라 인간이다. '나는 산신령이라 너희들은 모르는 세상의 모든 걸 다 알고 있다'는 헛소리를 정 듣고 싶으면 사이비 종교를 찾아가라고 권하고 싶다. 기문둔갑은 엄연히 필자 같은 '인간'이 배우고 볼 수 있는 학문이고, 하늘만 아는 영

역까지 다 알 수는 없다. '나는 인간이 아닌 존재라 그것까지 다 안다'고 떠들어 대는 사람을 굳이 보고 싶다면 사이비 종교 쪽에 가면 많이 있을 것이다.

하늘만 아는 영역으로 대표적인 것은 '횡액'과 '횡재'다. 횡액과 횡재는 사주와 상관없이 일어난다. 천재지변으로 일어난 사고는 사주에 나타나지 않고, 복권 당첨 등의 횡재도 사주와 상관없이 일어난다.

그런데 사주에 따라 횡액을 피할 수 있는 사람이 있고, 사주에 따라 횡재를 유지할 수 있는 사람도 있을 수는 있다. 예지몽이나 약속이 깨진 등의 요행으로 횡액을 피한 사람의 이야기나, 복권에 당첨된 사람이 더 알거지가 되는 이야기 등이 흔히 들려오듯이 말이다.

귀인의 효수(爻數)가 있는 사람은 횡액을 피하기도 한다. 한 예로 일본에 쓰나미가 발생했을 때, 사고 지역에 살고 있던 친구가 귀인의 효수를 갖고 있었는데 정확히 지진 발생 일주일 전에 귀국하여 화를 면하였다. 횡재의 경우, 보통 사주가 통기가 될 경우에는 횡재를 유지한다.

Q. 동물도 사주가 있나요?

A. '설마 이런 황당한 질문을 나 말고 또 하는 사람이 있을까' 싶지만(오래전, 필자가 입문 초기에 했었던 질문), 가끔은 필자처럼 그런 게 궁금한 사람도 있을 거라 생각하고 답변을 써 보았다.

"사주는 사람에게만 적용됩니다."

기문학에서는, 동물은 철저히 땅에 속한 존재로 본다. 때문에 철저히 자신이 처한 환경에만 영향을 받으며 살아간다. 하긴, 상담료를 내고 "1년 전에 태어난 우리 쫑의 사주가 궁금해요" 하는 사람이 우리나라에 과연 있을까 싶지만 말이다.

# 기문둔갑 기초지식

## 1. 육친(六親) 해설

세(世) : 자기 자신
일지(日支)가 놓인 곳이 <世>. 일간(日干)은 대외적 자기 자신. 일지의 상하(上下)는 부부(夫婦)가택궁으로 위쪽은 남편(夫), 아래쪽은 아내(婦).

손(孫) : 자손
손은 <世>의 식신, 상관으로 자손, 아랫사람, 기능이나 일. 시간(時干)은 아들, 시지(時支)는 딸.

재(財) : 재물, 여자
남녀 모두 재물을 상징하나, 남자에게는 처첩(妻妾)궁에 해당하여 여자와 재물을 함께 상징.

관귀(官鬼) : 관청, 직장
관(官)은 <世>의 정관(正官)에 해당하고, 귀(鬼)는 편관(偏官)에 해당.
여자에게는 남자를 상징.
직장이나 관록, 명예, 학교, 관청, 중간관리자, 질액(疾厄) 등을 상징.

부(父) : 부모, 윗사람
부는 <世>를 생하여 주는 인수(印授). 세간(歲干)은 아버지(父), 세지(歲支)는 어머니(母).
부모, 윗사람, 문서, 공부나 학문, 스승, 비축된 재물, 월급, 연금, 명예 등을 상징.

형(兄) : 동료
　　　　형은 <世>의 동료. 월간(月干)은 남자동료나 형제, 월지
　　　　(月支)는 여자동료나 자매.
　　　　형제, 자매, 동기, 동료, 친구.


## 2. 홍국수(洪局數) 해설

* 홍국수(洪局數)는 운(運)을 형성하는 데 있어서 전체(팔문, 팔괘, 구성, 팔장, 신살 등)에서 50퍼센트 이상의 영향력을 미치는 주요체로서, 전 세계에서 우리나라에만(중국에는 없음) 있는 독특한 이론이다. 특히 오행의 흐름을 파악하는 홍국수의 오기(五氣 : 木火土金水) 유통법(流通法)은 기문학의 제34대 전맥자이신 수봉(粹峯) 이기목(李奇穆) 선생님께서 임상을 바탕으로, 자세한 이론을 처음으로 정립(定立)하셨다. 홍국수의 오기 유통법에 대한 이론은 1989년도에 출간한 《동기정해(東奇精解)》 1~3권에 자세히 수록되어 있으므로, 만일 그 이후(1989년)에 나온 다른 책들의 내용 중에서 홍국수의 오기 유통법에 대한 해설이 있다면 저작자의 허락 없이 《동기정해》를 표절한 것이 분명함을 밝혀 둔다.

(1) 일육수(一六水)의 특징 : 수(水)는 지혜를 상징.
　　　수(水)가 너무 왕(旺)하면 정신이 혼미하여 사리분별을 못하고,
　　　수(水)가 너무 약(弱)하면 간지에 흘러 잔꾀와 임기응변에 능함.
　　　수(水)가 공망(空亡)을 만나면 유(流)라 하여 이별과 흩어짐을 상징.

(2) 이칠화(二七火)의 특징 : 화(火)는 예의를 상징.
예의가 깍듯하고 밝고 쾌활하며 명랑함.
오행 중에 이화(二火)는 영기와 영성이 가장 뛰어난 오행으로, 정신세계를 비추는 힘이 강하여 예언적 능력이 있고 도(道)가 통함.
삼(三), 이(二), 구(九)가 만나게 되면 삼형(三刑)을 이룸.

(3) 삼팔목(三八木)의 특징 : 목(木)은 인(仁)을 상징.
어질고 인자하며 자비로워 전형적인 선비의 기질이 있음.
목(木)이 공망(空亡)을 만나면 절(折)이라 하여 다치거나 부러질 수 있음.
삼목(三木)이 이(二), 구(九)와 함께 만나게 되면 삼(三), 이(二), 구(九) 삼형살(三刑殺) 성립.

(4) 사구금(四九金)의 특징 : 금(金)은 의리와 정의(義)를 상징.
금(金)이 공망(空亡)을 만나면 명(鳴)이라 하여 소리가 울려 퍼짐.

(5) 오십토(五十土)의 특징 : 토(土)는 신의와 믿음을 상징하고 생각을 주관.
오토(五土)가 칠(七), 구(九)와 만나게 되면 오(五), 칠(七), 구(九) 삼살(三殺)을 형성.


## 3. 격국(格局) 해설

① 격국(格局) : 갑(甲)

갑가갑(甲加甲) : 쌍목성림(雙木盛林), 정직위엄(正直威嚴), 영화

부귀(榮華富貴)
쌍목이 숲을 이루었으니 정직하고 위엄이 있어 부귀영화(재산이 많고 지위가 높으며 귀하게 되어서 세상에 드러나 온갖 영광을 누림)를 누린다.

갑가을(甲加乙) : 등라반목(藤羅絆木), 귀인제발(貴人提拔), 후산유고(後山有靠)
칡과 등나무가 나무를 휘감은 격.
앞뒤가 비비 꼬이지만 귀인이 풀어 주어 외진 곳에 가도 의지할 곳이 있다.

갑가병(甲加丙) : 제십이격(第十二格) 길격(吉格)
청룡회수격(青龍回首格). 일명 군신회좌(君臣會座)라고도 한다.
임금과 신하가 한자리에 모여 회담을 하니, 귀인을 만나고 관직에 길(吉)하며 여타 제반사도 모두 길하다.

갑가정(甲加丁) : 일박즉합(一拍卽合)
손뼉 한 번에 즉시 합하여 길하다. 귀인을 만나면 소망사를 성취한다.
햇볕에 장작을 말리는 격.

갑가무(甲加戊) : 독산고목(禿山孤木)
벗겨진 산에 홀로 서 있는 나무와 같이 고립무원(孤立無援)하다.

갑가기(甲加己) : 공협호혜(共協互惠), 흔흔향로(欣欣向勞)

소나무의 뿌리가 흙과 서로 엉키어 서로 의지하니, 매우 기쁘고 만족스러운 상.

갑가경(甲加庚) : 비궁작벌(飛宮斫伐)
매사가 끊김. 나무가 무너져서 원숭이가 흩어지고 나무가 뿌리째 뽑힌다.

갑가신(甲加辛) : 목곤쇄와(木棍碎瓦)
나무막대로 기왓장을 깨뜨리는 격.
정(靜) 즉 길하고 동(動) 즉 흉하다.

갑가임(甲加壬) : 척범표양(隻帆漂洋), 유거무귀(有去無歸)
돛단배 한 척이 대양에 표류하는 격.
가는 자는 있어도 오는 자는 없는 격.

갑가계(甲加癸) : 수근노수(樹根露水)
나무뿌리가 물속에 잠겨 있는 격.
험한 것이 평범한 것으로 변하는 격.


② 격국 : 을(乙)

을가갑(乙加甲) : 금상첨화(錦上添花)
길 위에 길을 더하고 경사 위에 경사를 더하다.

을가을(乙加乙) : 복음잡초(伏吟雜草)
마치 뽑아도 뽑아도 자꾸 돋아나는 잡초와 같아서 앞으로 나아가는 데는 장애가 있으니, 분수를 지켜 쉬는 것이 상책.

을가병(乙加丙) : 천관진직(遷官進職), 부처분리(夫妻分離)
관록에는 길하지만 남편과 아내 사이에는 분리가 있는 격.

을가정(乙加丁) : 문서사길(文書社吉)
문서에 관한 일들이 길한 격.

을가무(乙加戊) : 선화명병(鮮花名甁)
한 포기 꽃이 선명하게 빛나니 풍류가 아름다운 격.
혼인(결혼)사에 대길한 격.

을가기(乙加己) : 이일당십(以一當十)
하나로서 열을 당하고 유한 것으로 강한 것을 이기니, 승리를 쟁취하는 격.

을가경(乙加庚) : 쟁송재산(爭訟財産), 부처회사(夫妻懷私)
재산으로 인한 쟁송이 따르므로 부부간에는 서로 딴 마음을 품는 격.

을가신(乙加辛) : 제사십일격(第四十一格) 청룡도주격(青龍逃走格)
청룡이 백호의 등을 타고 도망가는 격.

을가임(乙加壬) : 남유천하(男遊天下), 여귀후문(女歸侯門)
남자는 천하를 주류하고, 여자는 왕후의 문호로 돌아오는 격.

을가계(乙加癸) : 둔적수도(遁跡修道), 녹야조로(綠野朝露)
은둔하여 수도함에 길한 격.

숲속에 내린 아침 이슬과 같은 격.

## ③ 격국 : 병(丙)

병가갑(丙加甲) : 제십삼격(第十三格) 비조질혈격(飛鳥跌穴格)
　　　　　　　　도모하는 바가 이루어지고 이익을 얻는 길격.
　　　　　　　　천반(天盤) 병기(丙奇)가 갑자직부(甲子直符) 위
　　　　　　　　에 앉는 것을 말한다.

병가을(丙加乙) : 염양여화(艶陽麗花), 공사개길(公私皆吉)
　　　　　　　　요염한 태양 아래 아름답게 핀 꽃 한 송이.
　　　　　　　　공적인 일이나 사적인 일 모두 개길하고, 안과
　　　　　　　　밖으로 이익을 얻는 격.

병가병(丙加丙) : 유용무모(有勇無謀), 파모손실(破耗損失)
　　　　　　　　용맹은 있어도 꾀가 없어서 파모(장애, 깨지고
　　　　　　　　없어지다)와 손실을 가져오는 격.

병가정(丙加丁) : 귀인길리(貴人吉利), 상인평정(常人平靜)
　　　　　　　　귀인은 길한 이익을 얻고, 상인은 평정을 얻는
　　　　　　　　격.

병가무(丙加戊) : 병기득사(丙奇得使), 유리유익(有利有益)
　　　　　　　　제육격(第六格)의 삼기득사격(三奇得使格) 중 하
　　　　　　　　나. 모든 일에 이익이 있는 격.

병가기(丙加己) : 대지보조(大地普照)
　　　　　　　　태양이 대지를 비추는 격.

병가경(丙加庚) : 제사십오격(第四十五格) 형입태백격(熒入太白格)
　　　　　　　　도적둔주(盜賊遁走) 문호파재(門戶破財)
　　　　　　　　도적이 들어오니 재산상의 손실이 발생하는 격.

병가신(丙加辛) : 일월상회(日月相會), 모사취성(謀事就成)
　　　　　　　　해와 달이 서로 만나니, 하고자 하는 일이 성취
　　　　　　　　되는 격.

병가임(丙加壬) : 강휘상영(江揮相映), 시비파다(是非頗多)
　　　　　　　　햇살이 강물에 비침과 같은 격.
　　　　　　　　큰 이익은 있으나 문제도 있어, 처음에는 길하고
　　　　　　　　나중에는 흉한 격.

병가계(丙加癸) : 흑운차일(黑雲遮日), 음인해사(陰人害事)
　　　　　　　　검은 구름이 햇빛을 가린 격.
　　　　　　　　모르는 사람에게 해를 입을 수도 있는 격.

### ④ 격국 : 정(丁)

정가갑(丁加甲) : 청룡전광(靑龍轉光), 관인승천(官人陞遷)
　　　　　　　　청룡이 전광을 발휘하는 격. 관인은 승천함.

정가을(丁加乙) : 소전종작(燒田種作), 가관진록(可官進祿)
　　　　　　　　화전을 일구어 종작을 하는 격.
　　　　　　　　귀인은 관직이 승진하니 길한 격.

정가병(丁加丙) : 항아분월(姮娥奔月), 락극생비(樂極生悲)
　　　　　　　　월궁의 달 속에 있는 선녀가 분주히 노는 격.

즐거움이 극에 달하면 슬픔이 생기는 법이니, 처음에는 길하나 끝이 흉한 격.

정가정(丁加丁) : 양화성염(兩火成炎), 문서즉지(文書卽至)
양화가 성염이니, 문서에 관한 일이 길한 격.

정가무(丁加戊) : 평안수복(平安壽福), 교탈천공(巧奪天工)
평안하고 복이 수하니, 재주를 다해 천적의 공인이 되는 격. 매사의 성공을 의미한다.

정가기(丁加己) : 성타구진(星墮勾陳), 간사구원(奸私仇寃)
생신(生神)이 호랑이 굴에 떨어진 격.
간악한 원구가 복수를 노리니, 역공에 몰리게 될 위험이 있는 격.

정가경(丁加庚) : 화련진금(火煉眞金), 문서창달(文書暢達)
불속에 진금(순금)을 녹여 보화를 만드는 격. 만사성취.

정가신(丁加辛) : 소훼주옥(燒毀珠玉), 상인몽원(常人夢寃), 관인실위(官人失位)
불속에 주옥을 넣어 형체를 더럽히는 격.
상인은 원한을 입고 관직인은 실직의 징조가 있는 격.

정가임(丁加壬) : 정기득사(丁奇得使), 귀인은소(貴人恩紹), 송옥공평(訟獄公平)
귀인은 은인의 부름을 받고, 송사 사건은 공평하게 처리되는 격.

정가계(丁加癸) : 제사십사격(第四十四格) 주작투강격(朱雀投江格)
참새가 연못에 빠져서 헤어 나올 길이 없는 격.
난처한 일들이 속출하거나 궁지에 몰리는 등 어려운 일들이 발생한다.

## ⑤ 격국 : 무(戊)

무가갑(戊加甲) : 불평난신(不平難伸), 이직송굴(理直訟屈)
매사가 불공평하고 난신하여, 이치는 곧아도 송사는 굽게 결론이 나는 격.

무가을(戊加乙) : 청룡합령(靑龍合靈), 문길대길(門吉大吉), 문흉평상(門凶平常)
문이 길한즉 대길하고, 문이 흉해도 해가 없고 보통인 격.

무가병(戊加丙) : 일출동산(日出東山), 초난후이(初難後易)
아침 해가 이제 막 동산에 떠오르는 격.
처음엔 어렵고 나중엔 쉬워지는 격으로 길흉상반(吉凶相半).

무가정(戊加丁) : 이소승다(以小勝多), 이과적중(以寡敵衆)
적은 것으로 많은 것을 이기고, 적은 수로 많은 무리를 이기는 격.

무가무(戊加戊) : 복음준산(伏吟峻山), 정수위길(靜守爲吉)
정한즉 길하고 동한즉 매사가 막히는 격.

무가기(戊加己) : 물이유취(勿以類聚), 호일악로(好逸惡勞), 좌식상공(座食常空)
　　　　　　　편한 것을 좋아하고 힘들여 수고하는 것을 싫어하니, 매사 이루는 것 없이 공허함만 남는 격.

무가경(戊加庚) : 조주위학(助紂爲虐), 길사불길(吉事不吉)
　　　　　　　폭군을 도와 폭정을 가중시키니, 길한 일도 불길해진다.

무가신(戊加辛) : 십사구패(十事九敗), 초재실패(招災失敗)
　　　　　　　열 가지 일들 중에서 아홉은 실패하는 격.
　　　　　　　실패와 재앙을 초래하는 격.

무가임(戊加壬) : 영도이해(迎刀而解), 산명수수(山明水秀)
　　　　　　　칼날을 맞이해도 능히 이를 풀어 나갈 수 있는 길격. 산에는 해와 달이 떠 밝고, 강은 맑고 수려한 격.

무가계(戊加癸) : 암석침식(岩石浸蝕), 문길불길(門吉不吉)
　　　　　　　암석이 침식해 들어오는 격으로, 문이 길하여도 불길한 격.


⑥ 격국 : 기(己)

기가갑(己加甲) : 영불발아(永不發芽), 태공초관(太公招觀)
　　　　　　　영원히 싹이 나지 않는 격.
　　　　　　　흉모와 음험한 암계(暗計)가 있으니 주의를 요하는 격.

기가을(己加乙) : 유정밀의(柔情密意), 낭재여모(郎才女貌)
오가는 정이 부드럽고, 그 뜻이 친밀하여 길한 격.

기가병(己加丙) : 양인상해(陽人相害), 음인음오(陰人淫汚)
남자는 서로 상해를 입고, 여자는 음란함을 떨치는 격.

기가정(己加丁) : 주작입묘(朱雀入墓), 선곡후직(先曲後直)
주작이 입묘를 한 격.
처음에는 구부러지고 나중에는 펴지는 격.

기가무(己加戊) : 견우청룡(犬遇靑龍), 상인견희(上人見喜)
윗사람을 만나는 일에 기쁜 일이 중중하고, 바라는 일이 이루어진다.

기가기(己加己) : 병자필사(病者必死), 백사불수(百事不遂)
병자는 필히 사망에 이르고, 백 가지 소원하는 일이 이루어지지 않는다.

기가경(己加庚) : 사송모해(詞訟謨害), 활귀전신(活鬼廛身)
송사 사건으로 말미암아 모해(모함하여 해침)가 있는 격.
활귀가 붙어 있어 질액이 몸에서 떠나지 않는 격.

기가신(己加辛) : 습니오옥(濕泥汚玉), 실족일순(失足一瞬), 회한천추(懷恨千秋)
귀한 옥구슬을 진흙 속에 빠뜨린 격.

　　　　　　　　　한순간의 실수로 천추의 한을 남기는 격.

기가임(己加壬) : 반음탁수(反吟濁水), 교동질녀(狡童佚女), 간정상
　　　　　　　　살(姦情傷殺)
　　　　　　　　교활한 소년과 게으르고 방탕한 여인이 간사한
　　　　　　　　마음으로 불상사를 저지르는 격.

기가계(己加癸) : 호사필지(好事必止), 병인필사(病人必死)
　　　　　　　　좋은 일은 정지되고, 질병을 앓는 사람은 필히
　　　　　　　　사망하는 격.


## ⑦ 격국 : 경(庚)

경가갑(庚加甲) : 관인실위(官人失僞), 상복실위(商覆失位)
　　　　　　　　관직인은 지위를 잃고, 물건을 사고파는 상매는
　　　　　　　　역전되어 실패로 끝나는 격.

경가을(庚加乙) : 퇴길진흉(退吉進凶), 동구정안(動咎靜安)
　　　　　　　　물러나면 이로우나 나아가면 흉한 격.
　　　　　　　　움직이면 근심이 생기고, 가만히 있으면 편안한
　　　　　　　　격.

경가병(庚加丙) : 제사십육격(第四十六格) 태백입형격(太白入熒格)
　　　　　　　　점적필래(占賊必來), 위주파재(爲主破財)
　　　　　　　　점적이 필히 오고, 주로 재물을 파하는 격.

경가정(庚加丁) : 정정지격(亭亭之格), 문길즉길(門吉卽吉), 문흉즉
　　　　　　　　흉(門凶卽凶)

문이 길문이면 길하고, 문이 흉문이면 흉한 격.

경가무(庚加戊) : 유로무화(有爐無火), 완철무련(頑鐵無鍊), 난성대기(難成大器)
용광로에 불이 없으니 쇠를 녹일 수 없어 대기(큰 그릇)를 만들지 못하는 격.

경가기(庚加己) : 제사십격(第四十格) 형격(刑格)
관재구설이나 신체 손상, 구금 등의 흉액이 있는 격.

경가경(庚加庚) : 제사십팔격(第四十八格) 전격(戰格)
불화쟁론(不和爭論). 대립과 갈등이 있는 격.

경가신(庚加辛) : 차절마사(車絶馬死)
차는 끊기고 말은 죽어 없으니, 먼 길을 나가지 말 것.

경가임(庚加壬) : 제삼십구격(第三十九格) 모산소격(耗散小格)
태산이 허물어져 조그만 산봉우리로 변하는 격. 소모와 손상이 허다하게 일어나므로 난성자재(難成資財, 돈을 모으기 힘듦)한 격.

경가계(庚加癸) : 제삼십팔격(第三十八格) 반음대격(反吟大格)
대인(大人)은 크게 일어나나, 소인(小人)은 반복하여 실패하는 격.

## ⑧ 격국 : 신(辛)

신가갑(辛加甲) : 월하송영(月下松影), 회재불운(懷才不運)
　　　　　　　　달빛에 드리워진 소나무 그림자인 격.
　　　　　　　　유능한 재능을 가진 인재가 때를 못 만나 유두
　　　　　　　　무미(有頭無尾)인 격.

신가을(辛加乙) : 제사십이격(第四十二格) 백호창광격(白虎猖狂格)
　　　　　　　　백호가 청룡의 머리 위에서 미쳐 날뛰는 격.
　　　　　　　　원행이나 출입, 거동의 일체가 흉한 격.

신가병(辛加丙) : 수유대리(雖有大利), 인즉치송(因卽治訟)
　　　　　　　　큰 이익이 있으나 요기가 발동하여 재물로 인한
　　　　　　　　송사가 일어나는 격.

신가정(辛加丁) : 경상배리(經商培利), 수인봉살(囚人逢殺)
　　　　　　　　장사에는 배의 이익이 남고 죄인은 죽으니, 일희
　　　　　　　　일비인 격.

신가무(辛加戊) : 관사파재(官司破財), 망동화앙(妄動禍殃)
　　　　　　　　관사로 인해 재물을 잃고, 경거망동으로 인한 재
　　　　　　　　앙을 초래하는 격.

신가기(辛加己) : 노복배주(奴僕背主), 소송난신(訴訟難伸)
　　　　　　　　사내종은 주인을 배신하고, 소송 사건은 어려움
　　　　　　　　에 처하게 되는 격.

신가경(辛加庚) : 백호출력(白虎出力), 도인상접(刀刃相接)
　　　　　　　　주객상잔(主客相殘), 철퇴쇄옥(鐵退碎玉)

백호가 출력하는 격.
칼과 검이 서로 부딪히니, 주와 객이 모두 상해를 입는 격.

신가신(辛加辛) : 백호양립(白虎兩立), 자리죄명(自罹罪命)
백호가 서로 양립하는 격.
공의를 폐하고 사리를 탐하여 스스로 죄명을 뒤집어쓰는 격.

신가임(辛加壬) : 한당월영(寒塘月影), 표실내허(表實內虛)
싸늘한 연못가에서 달그림자를 쳐다보는 격.
겉은 실한 것 같아도 내용이 빈약하여 실속이 없는 격.

신가계(辛加癸) : 오입천망(誤入天網), 동지괴장(動止乖張)
자칫 잘못하여 천망의 그물에 걸리어 오도 가도 못하는 격.

## ⑨ 격국 : 임(壬)

임가갑(壬加甲) : 내외위험(內外危險), 속결위주(速決爲主)
긴박한 위기일발이므로 속결만이 상책인 격.

임가을(壬加乙) : 축수도화(逐水挑花), 남인경박(男人輕薄), 여인음탕(女人淫蕩)
도화가 물을 희롱함과 같으니, 남인은 경박하고 여인은 음탕하다.

임가병(壬加丙) : 일락사해(日落四海), 회광반조(會光返照)
　　　　　　　　모든 일의 종말을 뜻하지만, 다시 빛이 나타나는
　　　　　　　　시기가 오고 있는 격.

임가정(壬加丁) : 문서순리(文書順理), 귀인부지(貴人扶持)
　　　　　　　　문서는 순리대로 이루어지고, 귀인의 도움이 있
　　　　　　　　는 격.

임가무(壬加戊) : 소사화룡(小蛇化龍), 남인발달(男人發達), 여좌금
　　　　　　　　여(女座金輿)
　　　　　　　　남인은 발달하고 여인은 금방석에 앉아 금은보
　　　　　　　　화를 만지는 격.

임가기(壬加己) : 반음니장(反吟泥漿), 대화장지(大禍將至), 소송이
　　　　　　　　곡(訴訟理曲)
　　　　　　　　진흙을 뜨물에다 짓이긴 격.
　　　　　　　　장차 큰 화란이 올 것을 예시. 송사 사건은 사리
　　　　　　　　불통.

임가경(壬加庚) : 등사상전(螣蛇相戰), 종득길문(終得吉門), 역불능
　　　　　　　　안(亦不能安)
　　　　　　　　등사가 서로 다투니 길문을 득해도 안정을 찾기
　　　　　　　　가 어려운 격.

임가신(壬加辛) : 도세주옥(淘洗珠玉), 형옥공평(刑獄公平)
　　　　　　　　깨끗한 보옥을 다시 물에 씻는 격.
　　　　　　　　매사 공평하고 무사하게 처리됨을 의미하는 격.

임가임(壬加壬) : 제삼십육격(第三十六格) 지라점장격(地羅占蔣格)

기문둔갑 기초지식 323

들고 나는 모든 일이 얽히고설키며 새끼처럼 꼬이는 격.

임가계(壬加癸) : 유녀간음(幼女姦淫), 반복위화(反福爲禍)
어린 여자아이가 간음을 하고, 복이 화(재앙)로 변하는 격.

## ⑩ 격국 : 계(癸)

계가갑(癸加甲) : 곤시득조(困時得助), 험시유구(險時有救)
곤궁한 시기에 도움을 얻고, 험난한 시기에 구함을 만나는 격.

계가을(癸加乙) : 이화춘우(梨花春雨), 노연분비(勞燕分飛)
봄비에 배꽃이 떨어지니, 이별과 흩어짐을 말하는 격.

계가병(癸加丙) : 귀인록위(貴人祿位), 상인평안(常人平安)
귀인은 녹위(녹봉과 벼슬자리를 아울러 이르는 말)에 오르고, 상인은 평안함을 누리는 격.

계가정(癸加丁) : 제사십삼격(第四十三格) 등사요교격(螣蛇妖嬌格)
문서관사(文書官私), 화형막도(火熒莫逃)
문서로 인한 관사가 발생하고, 화재가 나면 도망갈 길도 없을 만큼 막히는 격.

계가무(癸加戊) : 천을회합(天乙會合), 재희혼인(財喜婚姻), 길인찬조(吉人贊助)

　　　　　　　　　재물과 혼인에 길하며, 길인의 찬조를 받는 격.

계가기(癸加己) : 음신개조(音信皆阻), 남녀불안(男女不安)
　　　　　　　　음신(먼 곳에서 전하는 소식이나 편지)이 모두 막히고, 남녀는 모두 불안한 격.

계가경(癸加庚) : 완철불연(頑鐵不鍊), 불능성강(不能成鋼)
　　　　　　　　철을 제련할 수 없으니, 모든 일을 이루지 못함을 나타내는 격.

계가신(癸加辛) : 점병점송(占病占訟), 사죄막도(死罪莫逃)
　　　　　　　　병점과 송사점에서 이를 봉하면 병인은 죽고 죄인은 명을 보전하기 힘든 격.

계가임(癸加壬) : 충천분지(沖天奔地), 가취중혼(嫁娶重婚), 급진오사(急進誤事)
　　　　　　　　경천동지(驚天動地, 세상을 몹시 놀라게 하는 일 또는 사건)로 매사에 두서가 없고 가취하면 중혼이요, 일을 급하게 진행하면 일을 그르치게 되는 격.

계가계(癸加癸) : 복음천라(伏吟天羅), 행인실반(行人失伴), 병송개상(病訟皆傷)
　　　　　　　　행인은 실반하고 병송은 개상이니, 모든 일이 흉한 격.

# 태청궁 청구태학당(太淸宮 靑邱太學堂) 역대 전맥자

(자부선사 : 자부비문 창제. 삼청궁에서 공공, 헌원, 창힐, 대요에게 전수)

제1대(초대) : 을파소(乙巴素 : 자부비문(紫府秘文) 편저, 태청궁 청구태학당 설립)
제2대 : 구재(久載)
제3대 : 마간(馬杆)
제4대 : 혁소(赫素)
제5대 : 을지(乙智)
제6대 : 구일(九逸)
제7대 : 마휴(馬烋 : 연개소문의 스승)
제8대 : 도신(都神)
제9대 : 창록(蒼綠)
제10대 : 지마(支麻)
제11대 : 원해(袁海)
제12대 : 창해(蒼海)
제13대 : 덕공(德珙 : 여성)
제14대 : 우려(牛慮)
제15대 : 혁수(爀殊)
제16대 : 원희(元喜)
제17대 : 보역(報易)
제18대 : 태창(太蒼)
제19대 : 역조(域照 : 여성)
제20대 : 순치(純致)
제21대 : 순려(珣麗)

제22대 : 가덕(伽悳)
제23대 : 덕조(德照 : 여성)
제24대 : 수혁(修爀)
제25대 : 수혜(遂慧)
제26대 : 열고(悅固)
제27대 : 원훈(袁熏)
제28대 : 호당(昊撞)
제29대 : 태충(兌充)
제30대 : 보윤(輔尹)
제31대 : 산웅(山雄)
제32대 : 응청진인(凝淸眞人 : 이기목 선생님의 스승)
제33대 : 기봉(奇峯 : 이기목 선생님의 스승)
제34대 : 수봉 이기목(粹峯 李奇穆 : 奇學의 제34대 전맥자 2006년 작고)
제35대 : 민강 손혜림(旻岡 孫憲琳)
 - 동국기문학회(東國奇門學會) 대표
 - 태청궁 청구태학당(太淸宮靑邱太學堂) 제35대 방주(坊主)
 - 수봉 이기목 선생님께 기문 수학
 - 2001~2014년 경희대학교 사회교육원에서 기문 강의
 - 2014년 10월 이기목 선생님의 모든 저작권(전 60여 권) 인수
 - 2014년 11월 태청궁 청구태학당 제35대 출범

# 태청궁 청구태학당에서 개발한 기문둔갑 프로그램의 종류

### 1. 기문종합 프로그램
- 기문명리 조식과 해설(손혜림 해설), 기문택일, 기문양택이 모두 포함되어 있다.
- 기문양택은 택좌의 방위와 명지(命支)를 입력하면 건물 전체의 길흉과 층별 길흉에 관한 내용이 자동으로 나타난다.
- 택일을 하기 위한 기문삼원력이 프로그램에 내재되어 있으며, 택일에 관한 요건을 입력하면 하면 길일(吉日)과 선시(選時)에 관한 내용이 자동으로 계산되어 나타난다.

### 2. 기문해설 프로그램
기문명리 조식과 해설(손혜림 해설)이 담긴 프로그램이다. 홍국수의 성국이 자동표시 되어 나타난다.

### 3. 기문작명 프로그램
기문작명에 관한 프로그램으로 수리사격 해설(손혜림 해설), 삼원오행, 한글음령 오행 등이 자동으로 계산되어 나오고 작명증도 자동으로 출력되어 나온다.

### 4. 기문조식 프로그램
생년월일시를 입력하면 기문명리 포국이 자동으로 나타난다.

## ※ 기문 프로그램 예시 이미지

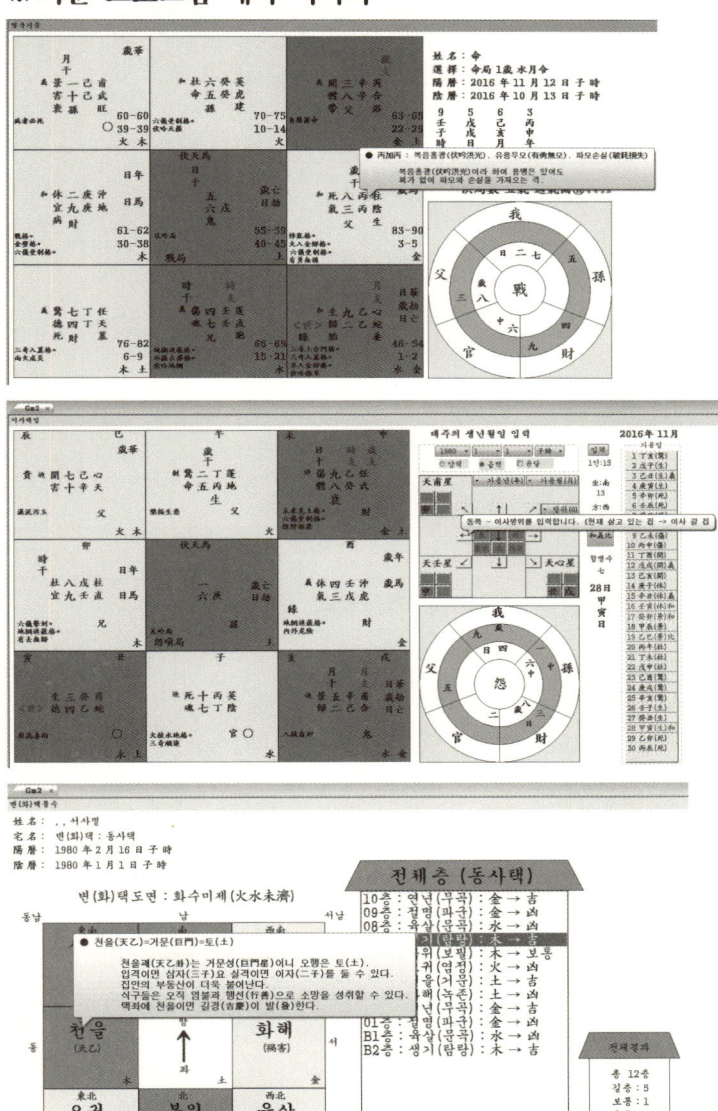

기문둔갑 프로그램의 종류 329

# 태청궁 청구태학당 강의 안내
# (02-3476-3433)

1. 강의 시간

오전반 10:30부터 100분, 주 1회.
오후반 19:30부터 100분, 주 1회.
반 인원들의 논의에 따라 시간조정 가능.

2. 강의 과정

| 과정 | 내용 |
|---|---|
| 기초과정 | 기문포국과 원리론 |
| 중급과정 | 홍국수 통기론과 인사명리 해단법 |
| 고급과정 | 단시론과 병방론 |
| 특강과정 | 기문작명, 기문택일, 기문양택, 관상 |

### 기문명리학 초급과정(조식법과 원리론)
1. 음양오행의 원리 및 사주의 성립
2. 육의 삼기와 연국의 조식방법
3. 구성과 팔장의 조식방법
4. 홍국수의 조식방법
5. 팔문과 팔괘의 조식방법
6. 십이운성과 십이신살의 조식방법
7. 공망과 일록의 조식방법
8. 사간과 사지, 육친부법
9. 홍국과 오국의 바탕원리
10. 삼살과 삼형의 원리
11. 성국과 화살의 원리

12. 동처와 정처, 순위와 진가의 원리
13. 구성과 팔장의 원리
14. 팔문과 팔괘의 원리
15. 신살과 육친, 격국의 원리

**기문명리학 초급과정(홍국수의 통기방법)**
1. 원상통기
2. 결과적 통기
3. 변칙통기
4. 역류의 통기
5. 역할위임의 통기
6. 기국통기
7. 삼지연생성국의 통기
8. 사지연생성국의 통기
9. 순음성국의 통기
10. 순양성국의 통기
11. 성국으로 통기가 변형된 경우
12. 성국으로 인하여 삼살이 면형된 경우
13. 성국으로 인하여 삼형이 면형된 경우
14. 삼살과 성국이 공존하는 경우
15. 삼형과 성국이 공존하는 경우

**기문명리학의 중급과정(인사명리 해단방법)**
1. 여러 가지 사주유형의 해단방법
2. 부부금실이 안 좋은 유형
3. 남자복의 유무
4. 여자복의 유무
5. 부자의 사주유형
6. 자수성가형의 사주유형

7. 공직자의 사주유형
8. 학자의 사주유형
9. 한의사의 사주유형
10. 양의사의 사주유형
11. 법조계의 사주유형
12. 연예계의 사주유형
13. 운동선수의 사주유형
14. 정신질환자의 사주유형
15. 연운,월운,일운의 해단방법

**기문명리학의 기문작명 과정**
1. 작명을 할 때의 마음자세
2. 작명할 때의 문제점과 주의 사항
3. 수리사격의 구성법
4. 작명후의 수리사격과 새로 구성되는 홍국수
5. 각 수리의 특징
6. 좋은 이름이 좋은 운을 만드는 이유
7. 자원의 의의와 행렬문제
8. 한문획수 산정법
9. 한글의 음령오행
10. 삼원오행의 대의
11. 각 단위의 수리 해설
12. 성공운과 기초운과의 실제관계
13. 작명과 인체병증과의 연쇄관계
14. 작명후의 사주변화 예증
15. 인명용 한자

**기문명리학의 기문택일 과정**
1. 혼인 택일

2. 이사택일
3. 개업택일
4. 성조택일
5. 출행택일
6. 홍국법
7. 강국법
8. 연국법
9. 월장가시법
10. 천삼문방
11. 지사호방
12. 지사문방
13. 제갈무후의 태을구성낙국법
14. 십이황도법
15. 기문장례택일법

**기문명리학의 기문단시 해단과정**
1. 단시란?
2. 단시를 볼 때의 마음가짐과 주의 사항
3. 단시의 삼대 요체
4. 궁합단시
5. 병점단시(수술유무와 쾌차유무등)
6. 가출인의 단시
7. 민사소송의 단시
8. 형사소송의 단시
9. 부동산 매매시의 단시
10. 승진이나 시험 볼 때의 단시
11. 인사를 영입할 때의 단시
12. 출행단시
13. 운동경기의 단시

14. 개업단시
15. 주객이해론

**기문명리학의 기문병방론 해단과정**
1. 홍국수오행과 경락의 오행관계
2. 각 장부의 오행과 장부별 병증
3. 간, 담 부위의 병증
4. 심장, 소장부위의 병증
5. 비장, 위장부위의 병증
6. 폐장, 대장부위의 병증
7. 신장, 방광부위의 병증
8. 시력장애자의 병증
9. 정신질환자의 병증
10. 지체장애자의 병증
11. 암환자의 병증
12. 피부병의 병증
13. 뇌출혈의 병증
14. 혈압의 병증
15. 성정체성의 병증

**풍수지리학의 기문양택법 과정**
1. 동서사택과 동서사명
2. 양택의 대유년법과 인명의 유년법
3. 정택의 유년법
4. 동택의 유년법
5. 변택의 유년법
6. 화택의 유년법
7. 문방배합론
8. 상택정법

9. 정정자 양택총요
10. 양택회도 해설
11. 이십사산 방수정국
12. 성조 간택법
13. 음양 산수법
14. 택지 길흉론
15. 올바른 나경 사용법

**풍수지리의 기문음택법 기초과정(중급과 고급은 별도)**
1. 풍수지리 용어 해설
2. 풍수란 무엇인가?
3. 풍수지리의 양택과 음택
4. 용, 혈의 유래와 근원
5. 명당의 의미와 총론
6. 사세와 사요
7. 형기법과 이기법
8. 입수와 현무정
9. 청룡과 백호
10. 안산과 조산
11. 사세와 사요
12. 이기법 해설
13. 삼반총설
14. 나경해설
15. 제혈의 방법

# 태학당 출판물 안내

## * 기문둔갑 관련 서적 소개 *

이기목 선생님의 저서들과 새로운 기문둔갑 전문지식을 한글(한문)음 표기와 가로쓰기로 읽기 쉽게 개정하였습니다.

**기문둔갑 기초편 - 원리론과 조식편**
: 기문둔갑을 포국하는 조식법을 도표와 함께 설명, 그에 대한 원리론 요점 정리

\* 2017년 1월 출간 예정

**기문둔갑의 모든 것 1권 - 종합해단과 삼형살**
: 사주명운, 연운, 월운, 일운 등의 임상 사례와 삼형살의 임상 사례 수록

\* 2017년 3월 출간 예정

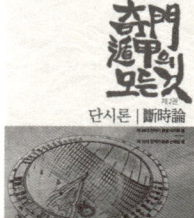

**기문둔갑의 모든 것 2권 - 단시론**
: 개인의 사주와 무관하게 객관적이고 단편적인 사안에 대해서만 운세를 파악해보는 방법인 단시에 대한 설명. 매매, 병점, 소송사건 등의 임상 사례 수록

\* 2017년 3월 출간 예정

**기문둔갑의 모든 것 3권 - 병방론**
: 타고난 사주에서 발생하는 원초적인 질병에 대한 해단 방법과 임상 사례들을 수록

\* 2017년 3월 출간 예정

**기문둔갑의 모든 것 4권 - 동서명해**
: 우리나라 및 세계의 지도자들과 유명인들에 대한 이기목 선생님의 사주해단 수록
　　　　　　　　　　　* 2017년 3월 출간 예정

※ 故이기목 선생님 저서의 핵심, 동기정해 (개정판)

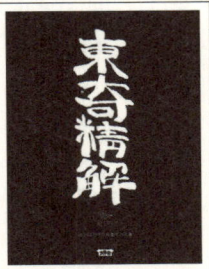
**동기정해(東奇精解) 1권 (개정판)**
: 기문둔갑의 모든 기초. 조식법과 원리론, 예제 등과 단시해단법 수록
　　　　　　　　　　　* 2017년 5월 출간 예정

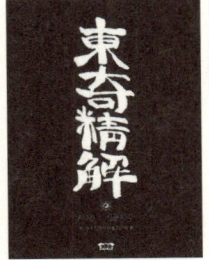
**동기정해(東奇精解) 2권 - 천문지리 (개정판)**
: 국운과 별자리, 기문택일법, 기문양택법 등을 수록
　　　　　　　　　　　* 2017년 5월 출간 예정

**동기정해(東奇精解) 3권 - 해단(解團)편 (개정판)**
: 인사명리 해단, 여러 가지 직업에 대한 특징과 사건사고에 대한 사례들 수록
　　　　　　　　　　　* 2017년 5월 출간 예정

※ 이 외 작명편, 택일편, 풍수지리편, 관상편, 우도편 등 다수의 기문둔갑 관련 서적들이 곧 출간될 예정입니다.

## * 소설 소개 *

### 신선 이야기 시리즈

　현 시대에 아직도 신선들이 살고 있다면, 과연 그들은 어떻게 살고 있을까?
　비행기가 날아다니고, 고층건물이 즐비하고, 과학과 물질문명이 절정을 이루고 있는 이 땅에 신선들이 살고 있다.
　'신선 이야기'는 무한한 비밀을 간직한 환상의 세계에서 지극히 인간적인 문제에 부딪히는 신선들의 모습을 다룬다.

|  | **신선 이야기 1 - 무한의 비밀**<br>: 불로불사의 계약을 맺은 톱스타 현건우.<br>그의 앞에 나타난, 자칭 신선이라는 여자, 윤기로. 그들의 불가사의한 모험이 시작된다!<br>쪽수 192쪽 ｜ 가격 6000원 |
|---|---|
|  | **신선 이야기 2 - 밤의 지배자**<br>: 작은 섬마을 전체에 되풀이되는 정체불명의 악몽. 악몽을 없애려는 기로 앞에 나타난 정체불명의 사나이. 그와 마을 사이엔 비극적인 비밀이 숨어 있었다.<br>쪽수 204쪽 ｜ 가격 6000원 |
|  | **신선 이야기 3 - 매혹신사**<br>: 아름답지만 역겨운 '능력'을 가진 매혹신사, 김수빈. 유능하고 위험한 인물, 장백우. 장백우의 농간으로 김수빈과 기로는 위험한 음모에 휘말리는데……<br>쪽수 252쪽 ｜ 가격 6000원 |

# 기문둔갑 사주풀이 - 2권 소개

제2권에서는 사회적으로 가장 흉악한 삶을 영위한 사람들의 사주를 다룬다. 그중 최고 막장 인생이라 할 수 있는 연쇄살인마나 대량학살범의 사주가 주를 이룬다.

만삭의 미녀 여배우 샤론 테이트를 살해한 광신도 집단 맨슨 패밀리, 베르사체를 살해한 고급 남창 앤드류 커내넌, 미남 변호사 살인마 테드 번디, 밀워키의 식인종 제프리 다머, 오클라호마 폭탄테러범 티모시 맥베이, '다크나이트 라이즈' 총기난사의 제임스 이건 홈즈 등, 살인마들의 사주를 수록하였다.

## 2권 차례

### 1부. 세계적인 연쇄살인마
- 맨슨 패밀리
- 테드 번디
- 앤드류 커내넌
- 리처드 라미레즈
- 제프리 다머
- 에드워드 게인
- 데니스 닐슨
- 데이비드 버코위츠
- 에드먼드 캠퍼
- 허버트 멀린
- 로베르토 쥬코
- 윌리엄 보닌
- 아치볼드 맥카파티
- 랜디 크래프트
- 잔느 웨버
- 지안프랑코 스테바닌
- 조셉 베쳐
- 페터 퀴르텐
- 클리포드 올슨
- 존 에드워드 로빈슨
- 마크 뒤트루
- 찰스 올브라이트
- 데이비드 카펜터
- 리처드 코팅햄
- 패트릭 키어니
- 알프레드 게이너
- 가이 조르주
- 로버트 블랙
- 도나토 빌란차
- 리처드 팅글러
- 이반 켈러

### 2부. 대량학살범과 테러범
- 티모시 맥베이
- 안데르스 베링 브레이빅
- 제임스 이건 홈즈
- '유나바머' 테드 카진스키
- 모하메드 메라
- 제임스 휴버티
- 리처드 스펙
- 마틴 브라이언트
- 하워드 언러

### 3부. 천사의 탈을 쓴 의료계의 악마
- 요제프 멩겔레
- 마르셀 프티오
- 도널드 하비
- 콜린 노리스
- 크리스틴 말레브

### 4부. 희대의 살인마 커플
- 제럴드 갈레고와 샬린 갈레고
- 찰스 스타크웨더와 카릴 안 퓨게이트
- 이안 브래디와 마이라 힌들리
- 폴 베르나르도와 칼라 호몰카

### 5부. 유명 연쇄살인 용의자
- 아론 코스민스키
- 마리 베나르
- 피에트로 파찌니
- 알버트 드살보

### 부록
- 기문둔갑 Q&A
- 기문둔갑 기초지식
- 태청궁 청구태학당 역대 전맥자
- 태청궁 청구태학당에서 개발한 기문둔갑 프로그램의 종류
- 태청궁 청구태학당 강의 안내

## 기문둔갑 사주풀이 1 - 성공한 사람들

**초판** 1쇄 발행  2016년 12월 2일

**지은이**  민강 손혜림, 예곡

**펴낸이**  방주연
**펴낸곳**  태학당
**그림·편집**  리림
**표지디자인·캘리그래피**  강형신 Kanalog (www.kanalog.co.kr)
**교정**  여성희

**주소**  광명시 너부대로57 203호
**전화**  02-2282-3433
**출판등록**  2016년 5월 30일 제 2016-000010호
**이메일**  taehagdang@naver.com

**ISBN**  979-11-958272-3-7
**ISBN**  979-11-958272-1-3(세트)
**가격**  16000원

· 잘못 만들어진 책은 구입처에서 바꾸어 드립니다.
· 이 책의 저작권은 저자(손혜림 및 예곡)에게 있으므로 무단 복제 및 무단 전재를 금지합니다.

「이 도서의 국립중앙도서관 출판예정도서목록(CIP)은 서지정보유통지원시스템 홈페이지(http://seoji.nl.go.kr)와 국가자료공동목록시스템(http://www.nl.go.kr/kolisnet)에서 이용하실 수 있습니다.(CIP제어번호: CIP2016027905)」